UN DIOS QUE NO DUERME

Esther Ysern Lagarda

Aviso legal
No se permite la reproducción total o parcial de esta obra, ni su incorporación a un sistema informático, ni su transmisión en cualquier forma o por cualquier medio (electrónico, mecánico, fotocopia, grabación u otros) sin autorización previa y por escrito de los titulares del copyright. La infracción d e dichos derechos puede constituir un delito contra la propiedad intelectual.

© Esther Ysern Lagarda, 2021
Ilustraciones: © Ángel Ramos Sánchez, 2021

Impresión y editorial: BoD – Books on Demand
info@bod.com.es – www.bod.com.es
Impreso en Alemania – Printed in Germany

ISBN 9788411230025

A mi padre, Ricardo,
por tanto amor.

ÍNDICE

Presentación: "Ven y verás"	11
Prólogo	13

CONVIÉRTETE Y CREE — 15

Mc 1, 14-15	16
Soltarse	17
El pábilo vacilante	19
¡Hoy no!	20
Plot Twist	22
De cero	25
Joven	27
Se acepta primavera	28

ME LEVANTARÉ E IRÉ A MI PADRE — 29

Lucas 15, 11-24	30
Cecilia	31
Lección para pródigos: la M con la A…	33
Anhelos de un corazón	35
Como un padre	37
Hogar	39
Imagino que la paz debe ser…	41
Todo lo mío es Suyo	42

TENTADO — 43

Lucas 4, 1-14	44
Comer o no comer	45
Debilidad	46
La del despiste	47
Pili	49
Tarde	51
Corazón de mi Jesús	53
Los viejos hábitos tardan en morir	54

UNA NUBE LUMINOSA LOS CUBRIÓ — 55

Mt 17, 1-9	56
Juan	57
La paz	59

Las cosas que pide Dios   61

LLAMA A TU MARIDO   63
Juan 4,5-18.   64
Lucía de Samaria.   65
¿Qué es un marido?   67
Has perdido el amor primero.   69
Feliz "sinvalentín".   71
Amor de los amores.   72
¿Tanto?   73
Definiendo "amor".   74

REGRESÓ VIENDO   75
Jn 9, 1-23.   76
Ciegos de nacimiento.   77
Pablo quiere ver a Dios.   79
Presentir.   80
Saliva y tierra.   82
Detrás de la montaña.   84
Blanco y negro.   85
Abiertos.   86

  87
¿QUIÉN ME HA TOCADO?
Marcos 5: 21, 25 – 34.   88
Pepita se desangra.   89
Apología del mimito.   91
¿Quién me ha robado el mes de abril?.   93
A tus pies.   94
Supersticiones.   95
Necesidad de ser curados.   97

SAL AFUERA   99
Jn 11, 1-45.   100
Zombies.   102
¿Dónde estaba Dios?   103
¿A qué huelen los muertos?   105
Rober quiere re-vivir.   107

Amigos de Dios.	109
Vida del hombre, gloria de Dios.	110

¿NADIE TE HA CONDENADO? 111

Jn 8, 2-11.	112
Adulterados	113
Adúltera	115
Pecados del siglo XXI	117
¿Creo en el amor?	119
¿Quién?	121
Una de besos	122
Carmen: no peques más	123

EL VIENTO SE CALMÓ 125

Marcos 4, 35-41	126
Tormentas y diluvios	127
¿De qué tienes miedo?	129
Valiente	131
Un Dios que se duerme	132
Un rumor en la brisa	133
Un Dios que no duerme	134

LA CASA DE MI PADRE 135

Juan 2, 13 - 22	136
Rosita	137
¿Dónde vive Dios?	139
Como sagrarios	142
El estado de los cuerpos	144
Las bondades del buen Dios	146
La iglesia de los peros	147
Credo	149
Creo en el sensus fidei	151
Sobre el sacerdocio	152

SE CELEBRABA LA PASCUA 153

Mt 26, 1-4	154
Bendito	155

Juicio por combate	156
El lavatorio de... ¿los pies?	158
La verdad y sus consecuencias	160
Noche de jueves	162
Jesús carga con la cruz	163
Cae Jesús	164
Superhéroes	165
Hágase	166
Choco	168
No hay mayor amor	172
Ven, Espíritu Santo	173
NOTAS	174

PRESENTACIÓN:
"VEN Y VERÁS"

Nos cuenta el Evangelista Juan que cuando era discípulo del Bautista y estaba con otro de los discípulos, Andrés, en el desierto, un día pasó Jesús por allá y Juan Bautista, al ver a Jesús, les dijo: "Ése es el Cordero de Dios" y al oír estas palabras los dos discípulos siguieron a Jesús y Jesús al ver que lo seguían les preguntó: ¿Qué buscáis? y respondieron preguntándole: ¿dónde vives? a lo que Jesús contestó "venid y lo veréis" (Jn 1, 35-38). A cada uno el Señor nos sigue haciendo la misma pregunta: ¿qué buscas? Es pregunta que nos tenemos que responder desde lo más profundo de nuestras entrañas. ¿Qué sentido estoy dando a mi vida? ¿Qué es lo que busco en realidad? Juan y Andrés, querían encontrar el sentido auténtico de la vida y la respuesta que recibieron es la invitación que les hace Jesús de ir a vivir con Él. Así lo hicieron hasta el final. Y lo que vieron es cómo vivía Jesús la vida de cada día, cómo estaba con los pobres y los pequeños, con los enfermos, con los que van quedando al margen, o debajo de la mesa de la vida, cómo comía con los pecadores, acogiéndolos y liberándolos de sus ataduras interiores, cómo se mantenía en contacto con el Padre que está en los Cielos, le oyeron hablar del amor a todos y del perdón incluso a los enemigos. Vieron en Jesús que Dios se había hecho presente en nuestra vida y que Dios es Amor y cómo llamaba a todos invitando a todos a buscar siempre el Reino de Dios y su Justicia y todo para que podamos realizarnos del todo y ser plenamente felices. Con Jesús aprendieron un estilo de vida que es con Dios y con los hermanos y que a cada uno se nos dice: "Ven y verás".

Muy bien lo aprendió Juan y, repitiendo la enseñanza, nos invita diciendo: "Lo que hemos oído, lo que hemos visto con nuestros ojos, os lo anunciamos para que también vosotros estéis en comunión con nosotros y nosotros estamos en comunión con el Padre y su Hijo Jesucristo. Os escribimos esto para que vuestro gozo sea completo (1Jn 1, 1-4).

Realmente, Dios no está dormido. No nos ha abandonado y no nos abandonará. Está presente en nuestra vida y no está dormido, está actuando y muy activo llamándonos a cada uno a vivir en la comunión con Él y eso, para que nuestro gozo sea completo, para que seamos felices de verdad. Hace falta abrir bien los ojos, dentro de la vida, verlo, oírlo palparlo. Donde hay amor, Dios está. No hay que confundirse. Vivir la comunión con Dios y con los hermanos. A esto se nos está invitando. Y cada uno que lo ve, lo oye y lo palpa se convierte en portavoz que como Juan lo anuncia a los demás para que venga y vean. Esto es lo que hace Esther con su libro, "Un Dios que no duerme", invitándonos a estar atentos a cada paso de la vida y desde cada situación para que experimentemos que el Dios de la Vida no es un Dios que duerme. Está en medio de nosotros y te está llamando. Ven y verás.

†Juan Luis Ysern de Arce

Obispo emérito de Ancud

PRÓLOGO

En ocasiones ocurre que un libro que para una persona es una mina de inspiración y experiencia vital, para otra es un soberano aburrimiento. He visto ojos humedecerse con el mismo poema de Bécquer que a otro le hace bostezar. Las discusiones sobre "El Señor de los Anillos" o "El Principito" por ejemplo, a veces son tan encendidas como las del fútbol: oscilan entre la pasión desatada y la indiferencia absoluta. Pero cuando hablamos de los Evangelios, la cosa tiene un matiz diferente. Estos libros no son cualquier libro...

La mayoría de la gente ha escuchado o leído fragmentos, sin duda. En la escuela de niños, al acudir a alguna Celebración en la Iglesia, citado en otras obras literarias o cinematográficas, en referencias artísticas de todo tipo... No, el Evangelio no es del todo desconocido. A unos les parece ñoño, a otros raro o anticuado. La mayoría de las personas que conozco todavía no se han atrevido a leerlo en serio, como si su contenido fuera de alguna manera peligroso. Como si intuyeran que no es algo indiferente, que después de leerlo la vida ya no sigue igual. Si les preguntamos si saben de qué trata, sin duda contestarán que de la vida de Jesús de Nazaret. Y sí: muchas cosas de su vida cuenta, por supuesto. Pero también trata de mi vida, y de la de Carmen, la de Rosita, la de Juan, la de Cecilia, la de la de Rober... y puede que también de la tuya. Es más que probable.

Si Jesús, el hijo de María, contase hoy sus parábolas, mantendría su mensaje y actualizaría sus ejemplos. Salvando la distancia histórica, el Evangelio narra nuestras vidas; nosotros le ponemos nombres propios.
Y es tan peligroso como un espejo.
Y tan liberador como un abrazo.

Todas las historias de este libro son verdad. Todos sus personajes existen. Los nombres son y no son los que son, y he variado algunos datos para salvaguardar intimidades. En muchas ocasiones soy yo misma; ¿para qué negarlo? En otras, opiniones de personas reales que comparto o no, pero que me parecen respetables e interesantes. Lo que sí puedo aseguraros es que no hay ficción. Todo lo escrito, salga de la boca de quien salga, es cierto. Cualquier parecido con la realidad no es pura coincidencia.

Creo en un Dios que no duerme. Un Dios que sigue saliendo sin descanso al encuentro del hombre hoy. Ésta es la Buena Noticia. Y por eso, las palabras que lo cuentan tienen la grandeza de la mayúscula que lleva la Palabra.

Conviértete y cree

Mc 1, 14-15

Después de que Juan fue entregado, Jesús se marchó a Galilea a proclamar el Evangelio de Dios; decía: «**Se ha cumplido el tiempo y está cerca el reino de Dios. Convertíos y creed en el Evangelio**».

Se ha cumplido el tiempo.

Soltarse

Cortar los hilos.
Cuesta, como costó también atarse.
Quisimos con todas las fuerzas el aplauso,
el reconocimiento, la aceptación.
Y nos vendimos.
Y ahí están los hilos:
son tan finos que apenas se ven.
El hilo de la vergüenza,
de la falta de libertad,
el del temor al rechazo,
el del miedo al sufrimiento
o a la soledad.

El guión era sencillo:
la cultura de la tele, el lenguaje de la calle,
la moral de la masa.
Vamos donde nos llevan.
Hacemos lo que nos dicen.
Decimos lo que esperan oír.
Y no vivimos: actuamos. Como simples marionetas.
Acaba la función y a la cama. Hasta la próxima.

Soltarse es doloroso. Bajar del escenario y pisar la calle.
Vivir la vida cotidiana
corriendo el riesgo de pasar desapercibidos,
de no resultar "guays", de no estar a la moda,
de ser criticados por pensar y vivir de manera diferente.
Ser coherente está mal visto.
La integridad no vende.
Romper el molde es demasiado transgresor para este mundo.

Soltarse es arriesgado.
Como lo es decidir por uno mismo.
Porque te puedes equivocar.
Te puedes caer.
Puede doler.
Vivir es eso: una aventura.

- Pero al fin y al cabo, si me suelto del Mundo... ¿no es para atarme de nuevo a otro Amo? ¿No somos también marionetas de Dios?

- No, no somos marionetas. Porque las manos de Dios no están arriba, sujetando los hilos, sino abajo, sosteniendo a sus hijos...

"Cuando caemos, no caemos más abajo de las manos de Dios" (1).

El pábilo vacilante

Un invierno más. El frío. Y un sol que se da prisa en esconderse a diario, como para robarnos día. Y otro Adviento. Y una esperanza que ya no sé si está en barbecho o simplemente seca. Pongo la corona, enciendo la primera vela... y en breves segundos se apaga. El pábilo se ahoga. Pruebo de nuevo. Parece que ahora sí prende... a ver por cuánto tiempo...

Yo creo. A veces creo ardientemente. A veces, en cambio, no me acuerdo de creer. No es que no crea: es que no me acuerdo. La vida cotidiana absorbe toda mi atención. Otras veces creo y es como quien no cree, sin apenas diferencias sustanciales. Sin contar las otras veces: las que apenas creo, las que me disgusta tener que creer en lo que creo, las que desearía no creer... Y mi Señor mirando en silencio, bien atento: "el pábilo vacilante no lo apagaré".

De joven buscaba ser auténtica. Ahora siento heroico llegar a mediocre. De niña rezaba: "hazme santa". Hoy me conformo con un "hazme buena". Y mi Señor escuchando en silencio, bien atento: "el pábilo vacilante no lo apagaré".

Después del lunes, el lunes. Y otro más. Y otro. Ya no recuerdo qué tenían de especial los domingos. El trabajo es lo de siempre. El descanso es lo de siempre. Me levanto, me acuesto, me siento, me arrodillo... Parece que no soy consciente de nada; hago las cosas como sin sentido, pero aun sin sentido necesito hacer las cosas. Y mi Señor esperando en silencio, bien atento: "el pábilo vacilante no lo apagaré".

Confieso que me da pereza pensar en conversiones, leer el Evangelio buscando vivirlo, "perder" mi tiempo frente al Sagrario. Lo confieso con la misma sinceridad con la que confieso que amo a Dios: con cansancio, con frío, vacilante, pero le amo. Porque, a día de hoy, sólo Él no me ha fallado nunca. Y su Palabra es clara... (2).

Hoy no

Permitidme que comente aquí una serie que, con puntualizaciones, considero que contiene escenas más que interesantes: "Juego de Tronos". Atención, spoiler.

Traigo a la memoria a Arya Stark y a su profesor de baile, Syrio Forel. Muchas cosas aprende la pequeña de este hábil maestro de la espada, pero una será la que le servirá para convertirse en la heroína indiscutible de la Gran Guerra: "Sólo hay una cosa que decirle a la muerte: HOY NO".

Me gusta. Porque me sirve.
Sólo hay una cosa que decirle al miedo: hoy no.
Sólo hay una cosa que decirle a la pereza: hoy no.
Sólo hay una cosa que decirle a la tentación: hoy no.
Sólo hay una cosa que decirle al pecado: hoy no.
Sólo hay una cosa que decirle a la rendición: hoy no.
Sólo hay una cosa que decirle a la desesperanza: hoy no.

Hoy no. No es un buen momento para dar un paso atrás. No es un buen momento para el desánimo, para bajar la guardia, para dejar las cosas importantes para más tarde. No es un buen momento para descansar, para aparcar la espada, para dejarse llevar.

Es el tiempo perfecto para trabajar con esfuerzo constante. Para vivir corriendo una carrera de fondo. ¿Cuántas veces al mes, a la semana, al día, me ha tocado sobreponerme a las ganas de tirar la toalla con un tajante, firme "HOY NO"?

Es el momento de hacerse fuerza y no dejarse llevar por la corriente. Párate y mira a dónde llevan las aguas del ruido, de las prisas, del consumismo, del aparentar... A vivir estresados, asfixiados, preocupados, amargados; a comer hasta explotar, a reunirse por puro compromiso, a empujarse en las tiendas gastando hasta lo que no se tiene, a blasfemar llamando a todo eso por ejemplo Navidad.

No. Hoy no. Y espero que mañana tampoco. Eso nos convertiría en una especie de zoombies, en alguien más muerto que vivo, en un caminante blanco.

Los tiempos fuertes nos ponen en alerta, nos agudizan los sentidos, nos enseñan lo verdaderamente importante. Son un kairós, es decir, un tiempo de gracia. Es duro ir contracorriente; una batalla en serio por lo auténtico, luchando en el ejército de un Niño-Rey que nada tiene que ver con ese gélido Señor de la Noche a quien sabemos que se le pueden parar los pies, como hizo Arya Stark, con un:

Está cerca el Reino de Dios.

Plot Twist

A los amantes del cine nos encantan. Creo que muchas de las películas que han pasado a la historia lo han hecho por contener un brillante plot twist. En castellano, vuelta de tuerca o giro inesperado de los acontecimientos. Veamos algunos ejemplos muy conocidos. Atención, más spoilers.

Amenábar utilizó bastante el plot twist en sus primeras películas. En "Abre los ojos" se produce en ese momento en el que el protagonista se da cuenta de que todo lo que le rodea es realidad virtual; en "Los Otros", cuando los vivos pasan a ser los muertos y viceversa (¡brillante!). Algo muy parecido ocurre en "El sexto sentido" de M. Night Shyamalan. Si nos vamos a los clásicos, Hitchcock nos dejó a todos helados en "Psicosis", revelándonos que la madre no era la madre sino el hijo. No sé a vosotros, pero a mí me pasa que, cuando el giro es muy bestial, en cuanto acaba la película siento la necesidad de volver a verla desde la nueva perspectiva, para darme cuenta de los pequeños avisos camuflados con los que el director ya venía anunciando que llegaba un Plot twist.

Es un clásico en el género de suspense, sin duda. Si no, repasad cualquier novela de Agatha Christie, Arthur Conan Doyle o Stephen King. Aunque, como dice el Eclesiastés, "nada hay nuevo bajo el sol" (3). Todos los argumentos de todas las obras de todos los autores se basan en la vida. Y de la vida, el gran autor por excelencia es Dios. ¡Que sí, que sí, que Dios inventó el plot twist!

Primera parte: érase una vez el hombre, creado a imagen y semejanza de Dios, a quien se le cruza el cable y empieza a hacer tonterías: se planta contra su Creador (y Adán come del árbol), se planta contra su hermano (y Caín mata a Abel), se planta contra todo el mundo (y viene el diluvio universal). Y así sin parar. Años y años de vueltas, exilios, tropiezos, desiertos, pecados, infidelidades, guerras...

Y de repente Dios se marca un plot twist, y decide nacer Niño en un establo en Belén de Judá. Y todo cambia. La historia, que parecía una historia de perdición, era en realidad historia de salvación. Y nos quedamos tan en shock que tenemos que releerla para darnos cuenta de cómo Dios había ido preparándose un pueblo que vivía anhelando su venida. Y llegó. Llegó Aquél a quien esperaban, pero no como lo esperaban...

Segunda parte: érase una vez el hombre (y no cualquier hombre: el hombre israelita, judío religioso del siglo I, que rezaba pidiendo un Mesías), perdido en una trama brillante. El hombre que creía que el argumento de la historia exigía un libertador por todo lo alto, un rey poderoso que encabezara un ejército que consiguiera, para su pueblo, la libertad. Y Dios dio otra vuelta de tuerca. Nació pobre, vivió humilde, se relacionó con pecadores; se enterneció con los niños, habló del amor, del perdón, de ser hermanos, de la Voluntad del Padre, de las flores, los rebaños, los árboles y los pájaros, del Reino y de la Iglesia... Algo tan escandalosamente inaceptable que le llevó a la Cruz. Y va Dios y ¡plot twist!, Resurrección. Y lo que parecía que había sido un enorme fracaso se convierte en el acontecimiento más luminoso de la historia de la humanidad.

Llegados a este punto, toca hacerse la gran pregunta: ¿y qué pasa conmigo? No, no estoy preguntando de qué va el argumento de mi vida, con todas las tortas que me he pegado ya y las que vendrán. No hablo de las oscuridades, de las traiciones, de las injusticias, de los desprecios, de mis pecados, de las crisis, de las soledades, de los problemas. No, no cuestiono por qué parece que todos mis esfuerzos no dan apenas fruto. Porque ya he dicho que sé que las apariencias engañan; y que las cosas se entienden al final, repasando la peli.

La gran pregunta es: ¿de verdad creo? ¿Creo que Dios, mi Dios, el mismo de la primera y la segunda parte que he narrado antes, está preparando un pedazo de plot twist para la trama de mi vida? ¿Creo que estoy en sus manos, que es mi Padre y que soy objeto de su amor misericordioso; que está conmigo cada día, que no depende todo sólo de lo que me hagan los demás o de mis propias fuerzas, y que no me va a dejar hasta me quede boquiabierta con la maravilla que ha soñado para mí?

Pues eso.
Conversión.
Plot twist.
¡Ven, Señor, a mi vida! ¡Lúcete!
Que te vea, y que lo disfrute, y que aplauda tu obra en mí por toda la eternidad.

Convertíos.

De cero

Gracias, Buen Dios, por el aquí y el ahora.
Porque el agobio de ayer ya no existe.
Porque el mañana está en tus manos.
Pero aquí y ahora estás conmigo.

Tú sostienes mis momentos,
los buenos, los malos, los regulares.
No te cansas de acompañarme,
de frenarme, de serenarme,
de darme la fuerza que necesito en este instante concreto.
El aire que me mantiene viva lo pones Tú.
Este amanecer es cosa tuya.
Las cosas no son ni un castigo ni un premio tuyo:
son tu Voluntad y punto.
Y eso me basta.

Tú eres mi fortaleza. Tú, aquí y ahora.
A cada día le basta su afán (4);
a cada instante también.
Tus Palabras iluminan mi camino:
tu silencio me llena de paz.
Tú pones a cero mi reloj,
y en el cronómetro de mi vida estoy ahora.
Empezando de cero.
Como decía el poeta...

"Tú puedes empezar de cero,
en cualquier momento,
¡de cero!
Puedes dejar atrás el pasado,
todo el pasado. Y nacer de nuevo.
Te lo dice Jesús.

Te lo manda.
¡Hay que nacer de nuevo! (...)
Tú puedes empezar de cero.
Dios es esto:
El que pone el reloj en nuestras vidas
en la hora cero.
En cualquier momento,
¡cuando tú lo quieras!

Tú puedes empezar de cero
ahora mismo
¿No lloras de alegría?" (5)

Creed.

Joven

Mario es un hombre joven. Pero joven de los de verdad. De los que todavía quedan. No importa mucho su edad. Mario está tan colgado que no puede ser más que un joven. Le sobra locura. Desborda esperanza. Cuenta chistes, le encanta el granizado de limón, y canta canciones de amor.

En casa tengo un diccionario de argot que define "colgados" como "aquellos que dependen de algo o de alguien, sobre todo cuando están enamorados".

Es bonito.

Los jóvenes lo viven casi como un ideal: soltarse de lo que esclaviza, para poder colgarse de lo que libera. ¡¿Y qué puede liberar más que el amor?!

¡Viva los colgados, sí señor! ¡Viva los jóvenes!
Los que se atreven a mojarse en una amistad sincera.
Los que trabajan su propia felicidad haciendo felices a otros.
Los que se exigen y buscan dar lo mejor de sí,
aunque nadie se dé cuenta de su esfuerzo.
Los que besan, y abrazan, y acarician, y sonríen,
sin que les importe que algunos piensen que están locos.
Los que confiesan sin vergüenza
que su vida tiene sentido porque la dirige Otro.
Los que se dejan conquistar.
Los que viven con el corazón enganchado al Cielo.
Colgados. Totalmente colgados.
Más libres que nadie. Porque les atan cadenas de amor.
¡Viva los colgados, sí señor! ¡Viva los jóvenes!
De esa edad, si te fijas, más de uno todavía queda.

Se acepta primavera

Se acepta primavera como estado del alma,
aunque estemos en otoño.

Se acepta, porque lo que crece
siempre es más fuerte que lo que cae.

Se acepta,
porque el invierno ha sido demasiado duro,
y la siembra, que esperaba contenida, ha empezado a dar sus frutos
sin poderse esperar ni un minuto más.

Se acepta, porque ya no puedo sujetarla,
porque el aire fresco que ha entrado al abrir la ventana
lo ha revuelto todo;
porque el desorden que ha producido
ha puesto en orden lo importante
que había quedado sepultado bajo lo urgente.

Se aceptan las flores, los cantos,
los corazoncitos y lo que haga falta. Para celebrarla.
Me apunto a todos los tópicos. Me los pido al completo.

Y ya puede llover fuera
que aquí, en nuestra casa, hoy es primavera.

Me levantaré e iré a mi Padre

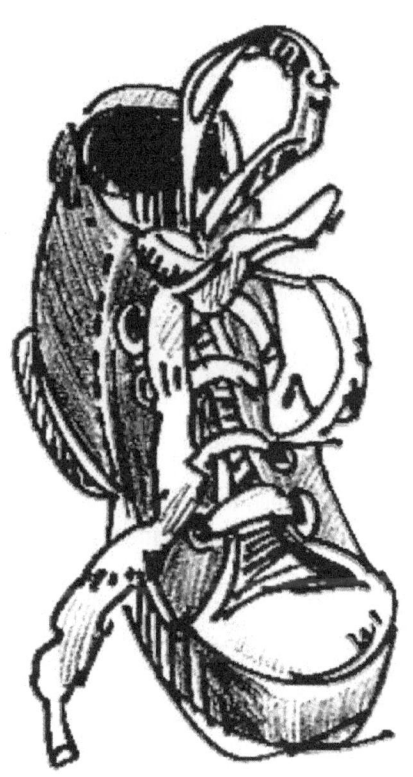

Lucas 15, 11-24

Un hombre tenía dos hijos; el menor de ellos dijo a su padre: **Padre, dame la parte que me toca de la fortuna.** El padre les repartió los bienes.

No muchos días después, el hijo menor, juntando todo lo suyo, se marchó a un país lejano, y allí derrochó su fortuna viviendo perdidamente.

Cuando lo había gastado todo, vino por aquella tierra un hambre terrible, y empezó a pasar necesidad. Fue entonces y se contrató con uno de los ciudadanos de aquel país que lo mandó a sus campos a apacentar cerdos. Deseaba saciarse de las algarrobas que comían los cerdos, pero nadie le daba nada.

Recapacitando entonces, se dijo: **Cuántos jornaleros de mi padre tienen abundancia de pan, mientras yo aquí me muero de hambre. Me levantaré, me pondré en camino adonde está mi padre, y le diré: Padre, he pecado contra el cielo y contra ti; ya no merezco llamarme hijo tuyo: trátame como a uno de tus jornaleros.** Se levantó y vino adonde estaba su padre; cuando todavía estaba lejos, su padre lo vio y se le conmovieron las entrañas; y, echando a correr, se le echó al cuello y lo cubrió de besos. Su hijo le dijo: Padre, he pecado contra el cielo y contra ti; ya no merezco llamarme hijo tuyo.

Pero el padre dijo a sus criados: **Sacad enseguida la mejor túnica y vestídsela; ponedle un anillo en la mano y sandalias en los pies; traed el ternero cebado y sacrificadlo; comamos y celebremos un banquete, porque este hijo mío estaba muerto y ha revivido; estaba perdido y lo hemos encontrado.** Y empezaron a celebrar el banquete.

Marchó a un país lejano.

Cecilia

Cecilia de niña había sido siempre muy buena. Era bonita, educada, graciosa y con un gran corazón. Lo que más le gustaba era jugar con sus muñecas y lo que menos, hacer deberes. Siendo la pequeña de la casa, se sentía cuidada y querida como la que más. Obedecía sin problema a sus papás; y cada noche, antes de cerrar los ojitos, rezaba sus oraciones...

Pero los años pasaron, más rápido de lo que una de niña espera. Y una mañana, al abrir su ventana, Cecilia escuchó voces nuevas que desde la calle parecían gritar su nombre. Un día tras otro, la curiosidad fue creciendo en el silencio de su habitación. Y empezó a hablar menos y a dormir mal y a suspender y a querer ser mayor y a olvidar aquellas oraciones entre las sábanas; y aparcó sus muñecas en un armario y empezó a salir por las noches y a comer poco y a desear mucho...

El despertador sonó, como siempre. Pero Cecilia no se puso su uniforme ni cogió los libros. Hizo una pequeña mochila con ropa, vació el monedero de su mamá, y salió de casa. Y se marchó. Convencida de su autosuficiencia. Sin dejar siquiera una nota. Y la gente empezó a cuchichear sin pudor. Unos decían que la vieron alguna vez tocando la guitarra en el metro. Otros, que andaba de la mano de un camello. Cuando la cosa ya era evidente, ninguno se atrevió a contarle a su familia que Cecilia cada noche cambiaba de nombre y ya jamás usaba su apellido; que tenía clientela fija, que vivía en un pisito que le habían puesto y que escondía sus ojos tristes y amoratados detrás de unas gafas oscuras, como hacían todas.

Un día gris de febrero, sucia por dentro y por fuera, medio desnuda, hambrienta y agotada, Cecilia salió al balcón. Se encendió un pitillo. Y sintió frío. Y miedo. Y asco. Y empezó a preguntarse en qué momento su autosuficiencia se había convertido en esclavitud sin que ella apenas se diese cuenta. Abrió el armario: ni rastro de sus muñecas; sólo ropa provocativa y un buen fajo de billetes dentro de una caja de zapatos. Y recordando su hogar lloró. Y pensó en volver. Y tembló. Se acurrucó en el sillón por no acercarse siquiera a aquella cama que no sentía suya. Se tapó con una manta e intentando recordar cómo eran aquellas oraciones de niña, se durmió. Y una voz, entre sueños, volvió a llamarla por su nombre... "No recuerdes lo de antaño, no pienses en lo antiguo; mira que realizo algo nuevo; ya está brotando, ¿no lo notas?" (6).

Cecilia se levantó, se duchó, se puso un abrigo, y comenzó a caminar con el frio de aquella mañana invernal helando los dedos de sus manos, lentamente, tratando de respirar hondo, nerviosa, asustada, temblorosa, llorosa, confundida, más niña que nunca; y tomó el camino hacia su casa paterna...

Comenzó a pasar necesidad.

Lección para pródigos: la M con la A...

Llevo un tiempo especialmente sensible con un tema que me parece el ABC de la vida cristiana: Dios es mi Padre. Afirmación que todos los cristianos repetimos como loros pero que, a veces, no acompañamos de contenido y vivencia real suficiente.

A mí, desde hace poco tiempo, me ocurre que cuando alguien me pregunta qué tal estoy –por dentro, se entiende- respondo que recomenzando desde el principio, desde la base: la M con la A = MA. Vale. Pues para mí, la MA es "Dios es mi Padre"; porque si esta premisa es cierta, todo lo demás está controlado. En el fondo, estoy convencida de que en estas cuatro palabras se esconde la fuerza suficiente que la persona necesita para su reconversión. Lo repito muchas veces, lo escribo, incluso lo dibujo... como hacen los niños pequeños para aprender las cosas. Es como cuando se critica a alguien, una y otra vez, sin parar, y dale que te pego: se acaba despertando una tirria visceral real a esa persona en el corazón. De igual manera pienso que es posible que repetir una y mil veces "Dios es mi Padre" me puede ayudar a conocerle y a amarle -¡a sentirme amada!- como su hija.

La escena es la siguiente. Por la mañana tomo un libro (7), y por la noche lo abro y empiezo a leer. Y al primer párrafo ya estaba llorando. Decía: "imagina a Adán, mirando las estrellas, insomne, la primera noche que pasaba fuera del paraíso...". De repente me sentí Adán, y me sentí el hijo pródigo. Y traté de imaginar cómo debió ser la primera oración de este Adán, no tanto con palabras sino con una especie de grito: "¡tengo hambre!"... la misma que movió al pródigo a ponerse en camino hacia la casa del Padre. ¡Y yo también tengo hambre!... Aunque -al igual que ellos- no sé si tengo hambre de Dios, o de lo que espero encontrar en Dios porque no consigo que nadie más me lo dé.

No consigo que nadie me de paz; no hay nadie que pueda alegrarme la vida. Que me ayude a pasar un buen rato sí, pero que me alegre la vida…

No hay nadie que pueda abrir una ventana y gritarme: "¡hay futuro!", y convencerme de ello; tengo la mala costumbre de pensar que mañana será más de lo mismo.

No hay nadie que pueda evitar que yo me sienta sola: ni aunque estuviera rodeada de toda la gente que dice quererme gritándome a coro: "te queremos, te queremos"… no, no me siento querida. Al menos no como deseo sentirme querida. El deseo de comunión de mi corazón grita aún más fuerte.

Y sobre todo, no hay nadie en el mundo que pueda curar el dolor que siento cuando miro hacia esa gran parte de lo que ha sido mi vida hasta aquí: mis pecados, mi estancamiento, mis sentimientos traicioneros, mis caídas estúpidas, mis rendiciones, mi vulnerabilidad, mi inconstancia, mi infidelidad. A veces me parece que yo también me he perdido en una porquera. Y nadie puede reconciliarme conmigo misma más que Dios. ¡Nadie puede salvarme de mí misma más que Dios!

No sé si esto es tener hambre de Dios o de lo que sólo Él puede ofrecerme: pero tampoco sé si el hijo pródigo quiso volver al hogar por el Padre o por la tranquilidad que pensaba que tendría en su casa, ni si Adán echaba más de menos sus paseos con Dios al caer la tarde por el Paraíso o el Paraíso mismo…

En todo caso, sentir hambre ya es bueno; porque hasta que no se toca fondo, uno no se plantea volver. Es el principio de la conversión. Yo confieso que he empezado a sentirme mejor, porque sé que ha comenzado el final de mi vieja historia… Porque la propia palabra "Padre" ya me conmueve -¿será de tanto copiarla?-; y porque lo mejor de mí sale cuando dejo suelta a la niña que me vive dentro, que no es otra cosa que un hijo pródigo.

Me muero de hambre.

Anhelos de un corazón

Hubo una vez un niño que se empeñó en crecer. Se llamaba Peter Pan... perdón, al revés, justo al revés: Panterpe. Lo había visto por la tele: que los mayores trabajaban mucho y así ganaban cantidad de dinero con el que compraban casas, móviles, consolas, ropa, amigos, amores, fiestas y toda clase de lujos y excesos. Así que una mañana de invierno, Panterpe guardó sus leggins color lechuga, se puso un traje chaqueta con corbata y todo, y salió de su casa buscando hacer negocio. Atrás dejó sus juguetes y su guitarra de tuno y su poster de Los Beatles, los niños perdidos y los abrazos del Padre... No recuerdo cómo se llamaba su pueblo: sólo sé que era un lugar donde Panterpe juraba una y mil veces que no volvería "nunca jamás, nunca jamás"...

Y llegó a la gran ciudad, donde nadie era nadie para nadie. Y alquiló un piso en el centro. Se compró un coche y un portátil y un móvil de última generación (todo con el dinero que papá le había dado, con los ojos inundados de lágrimas, el día que marchó).

Se apuntó al paro. Y allí se quedó un mes, tres, nueve, doce... Y la pasta empezó a faltar y con ella los amigos, los amores, los lujos... Las deudas crecieron y los negocios sucios con ellas. A cuánta gente engañó, estafó, robó, defraudó, ni lo sé ni me importa. Porque no me pertenece a mí juzgarle, que yo también fui pródiga. Sólo diré que menos mal que el Padre de Panterpe es el mío, que lo conozco muy bien, que tiene antecedentes claros y reincidentes de Misericordioso.

Aquella vez ni se esperó a que su niño decidiera volver a casa. Que ya se sabe cómo acaban estas "aventuras a lo adulto". Con las ojeras hasta el suelo de tanto desvelo, con el estómago en un puño y la sonrisa torcida y las manos heladas, se levantó, salió de la casa y, saltando por encima de libertades y respetos y prudencias de todo tipo, se fue a su encuentro. Con cualquier excusa: una lectura, una canción, un recuerdo, una conversación, un silencio, un tiempo oportuno, una oración... Y entre los brazos del Padre Bueno el corazón del hijo descansó, sin más anhelo que no perder de nuevo tanto bien "nunca jamás, nunca jamás"...

"Me desataste el sayal y me has vestido de fiesta; y te cantará mi alma sin callarse" (8).

Estando él todavía lejos, le vio su Padre.

Como un padre

Así es Dios.
Como mínimo.
¡Y ay del que se atreva a tocar a sus pequeños!
Se lo encontrará de frente...

 Tú que engañas a mis hijos, que disfrazas la mentira de verdad, lo inmoral de moda, el relativismo de respeto, la pereza de descanso, la soledad de independencia, la superstición de fe... Tú, Satanás: ¡cállate!

 Tú que acobardas a mis hijos, que revientas sus locuras con sensatez de adulto, que les razonas para que no salten, ni bailen, ni arriesguen, ni se esfuercen, ni cambien, ni recen, como quien les vacuna de una plaga... Tú, Satanás: ¡cállate!

 Tú que ensucias a mis hijos, que haces que parezcan quien no son, que tengan más que son, que amen sin amor, que no tengan tiempo de tener tiempo, que ayuden a nadie, que duerman sin sueños, que rían sin ganas... Tú, maldito por siempre en el infierno: ¡cállate de una vez! Que se callen los demonios que atormentan a mis hijos. Y resuene la voz del que es niño en todos los caminos de la tierra.

Respiro hondo. Estiro la espalda y levanto la frente. Suelto los puños, y sonrío. Sonrío a gusto. Porque Dios es, para mí, como un Padre. Como mínimo. Su vida es para mí. Su amor es para mí. Su fuerza es para mí. Soy el objeto del amor de Dios.

Él es mi escudo, mi protector. ¡Y ay del que se atreva a tocarme! Seguro: se lo encontrará de frente...

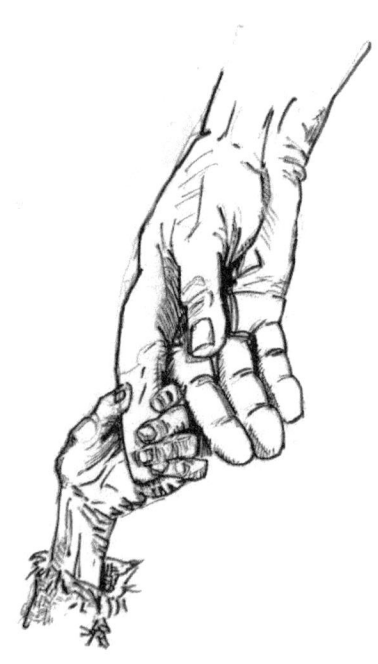

Ha vuelto a la vida.

Hogar

No hay nada como el hogar.
En mi casa los domingos son una fiesta. No es que hagamos nada especial: ponemos lavadoras, leemos cuentos, vemos alguna peli, dormimos la siesta, merendamos chocolate a la taza, paseamos con la perrita, rezamos juntos el rosario... ¡Pasamos medio día en pijama! Estamos tranquilas y contentas, porque estamos en casa.

No hay nada como el hogar.
Por la noche me meto en la cama y me tapo hasta la nariz. Contra mi ventana choca una rama de parra verde. Y en la pared, con pintura de témpera azul, he pintado una ovejita cubierta por un cielo de estrellas.

He imaginado la escena mil veces. Imagino a aquel joven pródigo que regresaba de una batalla perdida, herido y agotado. Y se encontraba con un banquete y una fiesta por todo lo alto. Imagino al chaval, delante de su plato de ternero cebado, sin apenas probar bocado, con el estómago hecho un nudo, conteniendo cuanto apenas las lágrimas. Imagino que las dejaría salir a borbotones al llegar a su cuarto. ¡Su cuarto! Una mirada detenida alrededor: todo seguía en su sitio, donde lo dejó. Como si jamás hubiera marchado de casa. Como si el Padre hubiese estado convencido desde el primer día de su regreso inminente. Sus sábanas favoritas, su ropa limpia en el armario, el libro que dejó a medio leer, la lámpara llenita de aceite...

Seguro que fue en ese momento, justo en ese preciso momento -y no antes- cuando el hijo se sintió de nuevo en casa. Y cuando estuviese durmiendo a pierna suelta, ¿qué otra cosa podría haber pasado?: entra el Padre de puntillas, lo mira enternecido, lo tapa bien no vaya a coger frío, susurra una oración junto a la cama y sale, dejando la puerta un pelín abierta... por si el niño se despierta, que la luz del pasillo que entre por esa rendija le haga recordar que ya no está solo. ¿No hacían lo mismo nuestras madres cuando éramos pequeños?

No hay nada como el hogar. Casita buena.

El escritor sagrado define el Cielo como la "residencia común de Dios con los hombres" (9). Así es. Lo que nos espera al final del camino es... una casa paterna.

La ovejita que pinté en la pared me recuerda esta historia a diario. Y lo bonito es que conozco el final y es un final feliz: leer cuentos, dormir siesta, pasear, rezar, merendar chocolate a la taza... Y ver la luz del pasillo encendida desde la cama.

Imagino que la paz debe ser...

...algo parecido a acostarse por la noche con la conciencia tranquila y dormir a pierna suelta sabiendo que -pese a los sufrimientos o contradicciones que hayan podido surgir con esto que llamamos "vida cotidiana"- todo está bien. Que igual que puedo dejar la ropa colgada en una percha en la ventana y recogerla a la mañana siguiente ventilada de malos olores y fresquita, puedo "colgar" mi día en las manos de mi Padre Dios y retomarlo renovado al despertar. Y que si es voluntad de Dios que la tierra gire y hoy vuelva a amanecer, también es voluntad suya que yo abra de nuevo los ojos y me ponga a caminar.

No soy ingenua. Sé que cada día hago mil cosas mal. Pero imagino un papá, con una nenita de... pongamos dos años: ha salido el sol y la peque despierta, ¡hambrienta por cierto! ¿No sabe su padre que, a lo largo del día, la niña se caerá, pataleará porque no le gusta que la bañen, tendrá ganas de jugar a todas horas, se manchará la ropita, llorará, lo toqueteará todo, incluso puede que rompa alguna cosa? ¿Y no es igual de cierto que su chiquitina es la alegría de su corazón y que no hay nada que pueda ella hacer para evitar que su padre la quiera más que a su vida?

Ha llegado la noche y es hora de que los peques nos vayamos a la cama. El papá acuesta a su niña, la arropa, le besa la frente... ¡Eso es la paz!

Todo lo mío es Suyo

Éste también soy yo. Lo confieso. El "malo" de la película. El hermano mayor. El que envidia al pródigo.

Yo vivo en la casa del Padre. Y todo lo Suyo es mío. Lo sé. Aunque no lo siento. Aunque no lo vivo. En realidad tampoco me importa demasiado. No me duele la ausencia de bienes. Sé que Él escucha mis peticiones, atiende mis necesidades, sustenta mi vida. En realidad, confieso que ni la fiesta ni el cabrito de mi hermano me importan demasiado. Si me quejo por ello es más por llamar la atención sobre mí que otra cosa.

Lo que realmente me duele es sentir que lo mío no le importa a este Padre tan atento a mi hermano. Me duele que no valore mi fidelidad, mi continuo esfuerzo por agradarle, mis desvelos trabajando en la Viña familiar, mis logros, mis preocupaciones, mis noches en vela, mis temores, mis amores, mis alegrías, lo que yo también he pasado por la aventura del pequeño.

Me duele no sentir su amor desbocado por mí, su ansia de estar conmigo, su alegría cada vez que me ve, su interés por las cosas que le cuento. Me duele no saber si está o no contento conmigo, si mis intentos por mejorar día a día le pasan desapercibidos, si realmente confía en mí.

Que todo lo Suyo es mío, dice. Como si eso me bastara. Como si eso me llenara. Lo que yo echo de menos es justo lo contrario: que todo lo mío sea Suyo. Que mis cosas, mis anhelos, mis lágrimas, mis caídas, mis vueltas a empezar, mis ilusiones, mis afectos, mis trabajos, mis preocupaciones sean Suyas. Porque el día que sienta que esto es así, ¿qué más podré pedir? ¿Qué otra cosa podré envidiar? ¿De qué me podré quejar? Si todo lo Suyo es mío y viceversa, ¡cómo no va a encargarse Él de mis cosas como de cosa propia! Y si Él se encarga de mis cosas así, ¿no es mucho más fácil poder decir un "confío en Ti" mucho más sereno y auténtico? ¿Y no es esa confianza en el Padre lo que distingue al hijo del jornalero?

Tentado

Lc 4, 1-14

Jesús, lleno del Espíritu Santo, volvió del Jordán y el Espíritu lo fue llevando durante cuarenta días por el desierto, mientras era tentado por el diablo. En todos aquellos días estuvo sin comer y, al final, sintió hambre. Entonces el diablo le dijo: **Si eres Hijo de Dios, di a esta piedra que se convierta en pan.** Jesús le contestó: **Está escrito: "No solo de pan vive el hombre".** Después, llevándole a lo alto, el diablo le mostró en un instante todos los reinos del mundo y le dijo: **Te daré el poder y la gloria de todo eso, porque a mí me ha sido dado, y yo lo doy a quien quiero. Si tú te arrodillas delante de mí, todo será tuyo.** Respondiendo Jesús, le dijo: **Está escrito: "Al Señor, tu Dios, adorarás y a él solo darás culto".** Entonces lo llevó a Jerusalén y lo puso en el alero del templo y le dijo: **Si eres Hijo de Dios, tírate de aquí abajo, porque está escrito: "Ha dado órdenes a sus ángeles acerca de ti, para que te cuiden", y también: "Te sostendrán en sus manos, para que tu pie no tropiece contra ninguna piedra".** Respondiendo Jesús, le dijo: **Está escrito: "No tentarás al Señor, tu Dios".** Acabada toda tentación, el demonio se marchó hasta otra ocasión. Jesús volvió a Galilea con la fuerza del Espíritu; y su fama se extendió por toda la comarca.

Comer o no comer

No solo de pan vive el hombre

Todo empezó con el chocolate. Su color, su aroma, su sabor, sus mil presentaciones: en bombones, en tableta, a la taza, en mouse, sirope...

Con los años vino el tabaco. Todavía recuerdo mi primer pitillo. Y el miedo a ser descubierta. Y la excitación de lo prohibido, de lo "adulto". Y las discotecas. No es que resulte especialmente placentero dejarse un montón de euros en dedicar algunas horas a atentar contra los propios tímpanos. Es... la necesidad de sentirse alguien, de encajar en un grupo, de integrarse en la moda, de aparentar que se ha conseguido de alguna manera ser feliz (aunque sea a base de alcohol y risa estúpida).

Cómo no: llegaron los chicos. Tenían que llegar. Y lo hicieron cargados de mil manzanas, cada cual más apetecible, cada cual más tentadora. Después de haber dicho sí al inofensivo chocolate, ¿cómo despreciar la manzana? Ésta no hacía a una sentirse más inteligente, como aquella del Edén, pero sí un poco menos sola. Al menos con el primer mordisco. Quizás también con el segundo. Hasta ahí.

Disfrazadas mejor o peor, de nobles deseos o bajos instintos, las tentaciones siempre han acompañado la historia de los hombres. De todos los hombres. También la de Jesús. A veces son descaradas, como quien defrauda a Hacienda o copia en un examen; otras aparecen sutiles, escondiendo una proposición indecente entre las líneas de un simple mensaje en un móvil. Pero siempre son rojas. Como las manzanas. Como la vergüenza que da confesar que se quiso aparentar lo que no se era, gustar lo que en realidad no se deseaba, amar lo que no era amable, abusar hasta hacerse daño, dar valor a lo que nada valía.

La tentación está ahí. El árbol dejó caer su fruto a tus pies.
Comer o no comer: esa es la cuestión.
Y tener la libertad de poder elegir, nuestra grandeza.

Debilidad

No me avergüenza mostrar mi debilidad.
Ni que la gente me vea llorar. O reír cuando se supone que debo llorar.
No me importa confesar que sola no puedo. ¡Nadie puede!
No doy la talla, no sé estar a la altura y ya no me duele.
Me da igual defraudar.
En este punto espero haber defraudado ya a todos:
¡Es tan agotador vivir atendiendo a las expectativas ajenas!
La tentación vive en mi casa: no hay manera de echarla.
Ocupa todas mis habitaciones, se acuesta a mi lado en mi cama.
¿Sirve de algo negarlo? ¿Acaso no os pasa lo mismo a vosotros?
Sé que la poca fortaleza que a veces tengo, es toda prestada.
He vivido y por tanto he sufrido. Vivo y sufro todavía.
Los días en los que parece que no ocurre nada son para mí los peores.
A veces sólo puedo rezar
y a veces me parece no haber rezado nunca.
Tengo el corazón roto
y aun así me siento muy capaz de amar intensamente.
Cuanto más me arrodillo más se extienden mis alas.
Me siento más auténtica cuando hago mías palabras de otros.
Prefiero la noche a la mañana. El silencio al ruido. Y la música al silencio.
Me da miedo la soledad y pánico la infidelidad si no estoy sola.
No entiendo ni la violencia ni la indiferencia del mundo que me rodea.
En la imagen que reflejo en el espejo no me reconozco.
Pero nada de esto importa demasiado: Dios conoce mi verdad.
Conoce mi debilidad y cuenta con ella.
Lo que de su fe en mí pueda salir, sólo Él lo sabe.
Él tiene sus planes, que siempre se cumplen por encima de los míos.
Con estas mulas va arando.
Y por su esperanza en mí me siento halagada.

Al Señor, tu Dios, adorarás y a Él solo darás culto

La del despiste

Salió el sacerdote al ambón a proclamar la Palabra de Dios.

Y entonces sonó un teléfono móvil y una mujer contestó mientras salía aprisa de la iglesia: "Dime, que estaba en Misa". Estaba, porque ya no volvió.

Y una abuelita abrió el monedero y empezó a buscar qué echar en la cesta.

Y la de al lado pensó: "Ojalá hoy no predique Don Marcelino o se me hará tarde para ir al mercado".

Y el señor de atrás, el del traje chaqueta: "¡Qué pesada la abuela de delante, que no se está quieta con el monedero!".

Y entonces entró otra mujer por la puerta, cargada con un carrito y un niño que no paraba de llorar. Y para que se callase, no se le ocurrió otra cosa que dejarle jugar con el llavero... Ruidito de llaves continuo de fondo desde ese momento.

Y otra pensó: "¡Qué frío hace aquí! Con el dinero que damos, ya podrían poner otra estufa".

Y otra: "¿Ha dicho según san Mateo o según san Marcos? ¡Ya me he vuelto a distraer!".

Y otra se apoyó en el banco y el bastón de la de al lado se cayó al suelo. Y se oyó alto y claro cómo la beata le decía a la joven de atrás: "Psss, psss, tú, chiquilla, recoge el bastón que yo estoy muy mayor".

Mientras, mi mejor amiga se mordía los labios, aguantando la rabia que le daba lo mucho que la estaban distrayendo. Ni siquiera yo escuché ese día la Palabra: estaba pensando que sería bueno escribir todo lo que veía. Sí. Quedaría muy bonito. Sería muy edificante. Algo para pensar mucho...

¿Dónde cayó la semilla?
¿Rebotó contra el asfalto?
¿Se la comieron los pájaros en la cabeza?
¿Dónde tenemos el corazón, el alma, la mente, la intención?

Parece que sí, que el diablo anda al acecho para tentarnos a la primera de cambio; incluso en Misa, aunque sea sólo la tentación del despiste... acompañada de algunas más.

No tentarás al Señor, tu Dios

Pili

Señor mío y Dios mío, Sagrado Corazón de Jesús en Ti confío. Pero ayúdame. No permitas que mi hijo Pedro caiga en un ERTE. Que las cosas están muy mal. Que tengo mucho miedo. Que miro las noticias y me angustio. Yo, a cambio, te prometo una tanda de lunes a San Nicolás. Sé que no me fallarás.

Virgencita de mi vida, Madre del Señor y Madre mía: en tus manos dejo la conversión de mi marido. ¡Es tan frío! Yo sé que es Voluntad de Dios y tuya que se convierta ya y que deje de hacerme sufrir esto tanto. ¡Y me hace tanta ilusión que me acompañe a Misa los domingos! Que sé que las vecinas me ven ir sola y cuchichean... Intercede por mí, que yo a cambio te hago la novena a la Virgen Desatanudos, que sabes que soy muy cumplidora y lo mismo espero de Ti.

San Antonio, San Judas Tadeo, Santa Rita: ¡rogad por la salud de la abuelita! Sí, ya sé que con 102 años y metástasis la cosa es complicada. ¡Pero es que yo no puedo vivir sin ella! ¡Que es mi madre! Yo creo en los milagros y creo que vosotros, abogados de causas imposibles, me haréis éste. Yo prometo a cambio ayunar todos los viernes durante un mes. Bueno: ayunar del culebrón, que de comida... es un poco demasiado. ¡Pero lo del culebrón me cuesta mucho! ¿Cómo no me vais a conseguir el milagro que os pido a cambio? ¿Para qué sirve la fe si no? ¡Santa Brígida, te prometo 12 meses! ¡Padre Pío, que tú nunca fallas! Por favor, que yo confío mucho, que soy mujer de fe, ya lo sabéis.

Dios mío, no desoigas mi oración, no deseches mis súplicas. No me defraudes, no me decepciones, no tardes en darme lo que te pido. Tú sabes que son todo cosas urgentes y convenientes que es necesario que atiendas y que no me niegues. Yo acepto tu Voluntad, porque sé que se ajusta a la mía. No me pidas que la mía se ajuste a la Tuya si es diferente, no me pidas que confíe en serio, que me abandone y acabe cargando con una cruz que no deseo, que me pueda hacer sufrir. Porque el sufrimiento es malo: en eso creemos todos, también muchos cristianos... No, no me pidas saltar de la superstición a la fe, a mí no, a la Pili no; que yo soy "de las tuyas", de las de Misa y rosario, y también de las que no entienden qué significa eso de "no tentarás al Señor tu Dios"...

Tarde

Sustantivo y adverbio de tiempo. Los dos me sirven.

Esta tarde me ha dado por pensar que no es tarde.
No es tarde para afirmar que todavía soy joven.
Aunque sea mayor que antes.
Si en mis ojos hay luz, si en mi alma hay anhelo de infinito,
si mis manos siguen abiertas y mi corazón caliente, no es tarde.

No es tarde para levantar la cabeza, enderezar la espalda,
coger aire y mirar de frente, a los ojos.
Aunque me haya costado años atreverme a hacerlo.

No es tarde para aprender a decir "no".
Más que tarde es ya urgente.
Y sin tener por qué dar explicaciones:
no es tarde para el "porque no me da la gana".
A veces no transigir es signo de madurez y valentía.

No es tarde para amar. Nunca lo es.
Aunque el amor siga siendo un misterio para mí.
No. No es tarde para decir "te quiero". Así, sin miedo.
Gracias a Dios tengo todavía una capacidad de amar brutal,
casi por estrenar, que he estado conteniendo
un poco estúpidamente;
y muchas personas a las que querer,
de distintas maneras pero con toda el alma.

No es tarde para aprender a no preocuparme.
Y sí ocuparme de lo que y los que de verdad me interesan.

No es tarde para pasar olímpicamente de muchas cosas.
Empezando por lo que pueda pensar la gente de este pasotismo.
Tengo temas mucho más importantes en los que centrarme
que las urgencias impuestas desde fuera
que no me llevan ni de lejos a donde quiero ir.

No es tarde para aprender a pedir:
ayuda, mimos, reconocimiento, dinero, tiempo, perdón...

A veces sólo hace falta eso:
una tarde para darse cuenta de que no es tarde.
Como escribió Casaldáliga:
"Es tarde
pero es nuestra hora.
Es tarde
pero es todo el tiempo
que tenemos a mano
para hacer el futuro.
Es tarde
pero somos nosotros
esa hora tardía.
Es tarde
pero es madrugada
si insistimos un poco".

Corazón de mi Jesús

La tentación vive en mi casa. Vive en mí. La siento apretar constantemente sobre mi cuerpo, mis pensamientos, mis impulsos, mis reacciones, mis juicios. La distingo por sus efectos secundarios: la tristeza, la angustia, la obsesión, la duda, la ansiedad, la inquietud, la rabia, el desasosiego... Ninguna de estas cosas puede ser de Dios. Ninguna.

Hoy la he oído gritarme desde el pasillo. Me llamaba por mi nombre, siempre lo hace, como quien vive conmigo, con esa misma familiaridad. Pero no le he hecho caso. He cerrado la puerta de mi cuarto, como dice el Evangelio que hay que hacer y, haciendo un ratito de oración, he dado con este texto: "Si una Herida de Cristo limpia, sana, aquieta, fortalece y enciende y enamora, ¿qué no harán las cinco, abiertas en el madero?" (10). Una de esas cinco llagas es la del costado, que nos dejó a la vista el Corazón infinitamente misericordioso de Dios. Juan, aquel discípulo niño, debió sospecharlo horas antes, cuando se arrimó al pecho palpitante de Cristo en la Sagrada Cena. No hay mejor lugar que el Corazón de mi Jesús para descansar el alma. Sólo en su Amor tiene sentido todo. A sus pies me pongo, con mis miserias, con mis luchas, con mis derrotas, con mis esfuerzos, con mi vuelta a comenzar por trillonésima vez...

La tentación se ha aburrido de gritar sin obtener respuesta. Parece que ha callado. Al menos por hoy. Y yo, pido hoy al Señor lo que decía la cita: que limpie, sane, aquiete, fortalezca, encienda y enamore mi corazón con el Suyo. Que no me permita que le ofenda más. Que pueda darle alguna alegría. Y que jamás desconfíe de Él; que pueda proclamar a los cuatro vientos que soy el objeto de sus cuidados y de sus mimos, y que he encontrado en esta Santísima Humanidad al amor de mi vida.

Los viejos hábitos tardan en morir

       Así lo cantaba Mick Jagger en la banda sonora de "Alfie".
Los viejos hábitos tardan en morir. La conversión no es sencilla.
Aniquilar al hombre viejo, resabiado, quemado a veces
y atreverse a dejar salir al niño que todavía llevamos dentro.
Superar de una vez por todas pecados que tenemos enquistados,
como si formasen ya parte de nuestra propia piel.
Enterrar para siempre esos recuerdos
que ocupan gran parte de nuestra memoria, sólo para hacernos daño.
Abandonar el ejercicio de una vida acostumbrada
y retomar el espíritu de la aventura con el que soñamos
desde empezamos a recordar nuestros sueños.
Pasar de las prisas, los agobios, el qué dirán, la costumbre,
comerse el orgullo que nos pide buscar la autoimagen ideal
que tenemos de cómo debemos ser
y vivir, ¡vivir!, que -como me dijo ayer un hombre sabio-
es algo en lo que nunca podemos equivocarnos.
No se vive bien o mal: se vive y punto. Sin juicios. Sin machaques.
Es la voz del hombre viejo la que nos juzga en nuestro interior.
Pero una costumbre vence a otra costumbre.
Poco a poco, paso a paso, aunque cueste tiempo y esfuerzo.

       El hombre nuevo quiere salir a la luz,
dejar que el sol le ilumine la cara,
probar a amar sin comisiones, a ver qué pasa.
Ser fiel, comprometerse, darse a fondo perdido.
Quiere dormir con la conciencia tranquila,
intentar la novedad de sonreír aunque no encuentre motivos,
cambiar viejos hábitos por otros más saludables, divertidos, espontáneos.
Y que esos nuevos, si resultan merecer la pena, no mueran nunca.

UNA NUBE LUMINOSA LOS CUBRIÓ

Mt 17, 1-9

Seis días más tarde, Jesús tomó consigo a Pedro, a Santiago y a su hermano Juan, y subió con ellos aparte a un monte alto. Se transfiguró delante de ellos, y su rostro resplandecía como el sol, y sus vestidos se volvieron blancos como la luz. De repente se les aparecieron Moisés y Elías conversando con él. Pedro, entonces, tomó la palabra y dijo a Jesús: **Señor, ¡qué bueno es que estemos aquí! Si quieres, haré tres tiendas: una para ti, otra para Moisés y otra para Elías.** Todavía estaba hablando cuando una nube luminosa los cubrió con su sombra y una voz desde la nube decía: **Este es mi Hijo, el amado, en quien me complazco. Escuchadlo.** Al oírlo, los discípulos cayeron de bruces, llenos de espanto. Jesús se acercó y, tocándolos, les dijo: **Levantaos, no temáis.** Al alzar los ojos, no vieron a nadie más que a Jesús, solo. Cuando bajaban del monte, Jesús les mandó: **No contéis a nadie la visión hasta que el Hijo del hombre resucite de entre los muertos.**

Juan

Juan anda raro últimamente. Todos sus amigos lo comentan. No es algo que haya pasado desapercibido, pese a su timidez y discreción habituales. Hay algo en él que llama la atención...

Nunca ha sido una persona seca pero es que ahora está especialmente amable y cariñoso. Se ofrece a ayudar enseguida, sin pedir nada a cambio. Y está sonriente, con una sonrisa tan limpia que a veces incomoda. Parece que los problemas no le quitan la paz, su andar es más pausado y en más de una ocasión le han escuchado silbar...

Es opinión general que Juan está enamorado. ¿Qué otra cosa podría ser? Alguien debe haber, porque Juan ya no sale por las noches con la peña, ni se emborracha, ni escanea de arriba abajo a las chicas de la facu como hacía antes. Cuando acaban las clases dice que se va a estudiar; y aunque pocos le creen y la mayoría sospecha que está con alguna novieta, el hecho es que ha empezado a sacar buenas notas. Y sacar buenas notas en Arquitectura no es algo que pase sin bastante esfuerzo.

Laura, que siempre ha estado enamorada de Juan "en secreto", ha decidido seguirle. No soporta más la angustia de no saber. Quiere ver el rostro de la chica que queda con Juan, que hace que sus ojos brillen, que camine recto, que esté sereno y feliz. "¿Cómo será ella? ¿Qué tendrá que no tenga yo?". Juan lleva en casa estudiando desde las 4 de la tarde. Laura trastea el móvil sentada en un banco, desde el parque que hay justo enfrente. Son las 19:20 y se abre el portal; Juan sale sonriente. Laura le sigue desde una distancia prudencial. Dobla una esquina, gira a la derecha y... Laura no se lo puede creer: ¡ha entrado en una Iglesia! Nerviosa no sabe qué hacer: ¿entra ella también? Esos lugares siempre le han dado cierto repelús... Pero ya os he dicho que Laura ama a Juan. Así que finalmente le sigue. Es un lugar amplio, hay bastante más gente de la que ella hubiese imaginado. Lo busca entre los bancos. Y lo encuentra, arrodillado, delante de una especie de cajita dorada con una velita roja encendida en un lateral, con los ojos clavados justo ahí y el rostro como transfigurado. Media hora después suena una campanita y da comienzo la Misa. Y allí está Juan, que sabe contestar a todas las oraciones; que se levanta, y se sienta, y se arrodilla, ¡y comulga!

Acaba la celebración y Juan se queda todavía un ratito más, en silencio, recogido, sentado en el banco. Laura, que no sabe qué pensar ni qué sentir, lo mira con ternura y respeto. De repente él se levanta, clava una rodilla en el suelo con un gesto reverente y se dirige hacia la salida. Y allí, sentadita en un banco al final de la Iglesia, encuentra a Laura que, viéndose descubierta, no sabe cómo reaccionar. Juan se acerca a ella, la mira con una dulzura infinita, le tiende la mano y la ayuda a levantarse. Y una ráfaga de paz interior, como una corriente eléctrica indescriptible, llega hasta el corazón de Laura... Juan la acompaña hasta su casa. De camino hablan mucho, hay preguntas y respuestas, hay confidencias y confianza, hay un algo que despierta, que inquieta, que ilusiona...

Laura anda rara últimamente. Todas sus amigas lo comentan. No es algo que haya pasado desapercibido, pese a su timidez y discreción habituales. Hay algo en ella que llama la atención de todos... De todos menos de su Juan.

¡Qué bien se está aquí!

La paz

Queremos estar bien, anhelamos tener paz. Huimos de las cosas que nos angustian, que nos asustan, que nos inquietan. El bienestar real no tiene tanto que ver con la comodidad como con la paz: no me cabe ninguna duda. Dice el salmo (11): "Busca la paz y corre tras ella". Y me he puesto a enumerar cosas que pensaba que me producían paz: como acariciar a mi perrita, escuchar buena música, poder dormir 7 horas seguidas... Pero en realidad no es paz lo que consigo con esto, sino tranquilidad. Y la tranquilidad es muchísimo más efímera que la paz. Así que he seguido investigando sobre el tema y me ha saltado en la oración la Palabra con este versículo de Isaías: "Señor, Tú nos darás la paz, porque todas nuestras empresas nos las realizas Tú" (12). Y ahí sí, ahí creo haber encontrado la clave...

Pase lo que pase, ocurra lo que ocurra, más allá de nuestros proyectos personales y nuestras expectativas sobre ellos, al final -por caminos más rectos o más torcidos- la Providencia hace de las suyas y nos ayuda a sacar adelante aquello que más nos conviene. Si creemos de verdad que solos no podemos nada, que toda nuestra fortaleza es prestada, que Dios es especialista en sacar de los males bienes y que nuestras empresas están en manos de su Santísima Voluntad, ¿no acaba ahí la búsqueda de la paz? ¿No es eso todo lo que necesito saber para estar segura de que todo va bien?

Por encima de mis buenas intenciones, más o menos acertadas; más allá de los movimientos en el tablero de mi vida de quienes sé que no están interesados en mi bien personal; si sé que la norma de lo que va siendo no es una norma fija, puesto que no hay leyes ni pasados ni experiencias que Dios no pueda cambiar a su antojo como le dé la realísima gana y en cualquier momento... ¿a qué temeré? ¿Por qué me impaciento? ¿Qué puede quitarme el sueño? ¿Qué puede darme más paz?

Hace unos días cogí la tijera y me hice un desastre en el pelo, de esos que hacen historia, motivada por el exceso de calor. Me miro en el espejo y me muero de risa. Hace pocos años me habría puesto a llorar y habría salido corriendo a comprarme un sombrero que cubriera el destrozo catastrófico que me he hecho yo solita. Y hoy pienso: quiera yo o no, no hay nada que pueda hacer para evitar que mi pelo vuelva a crecer, incluso mientras duermo, sin prisa pero sin pausa. Dios me va a arreglar los trasquilones en cuestión de días. Y si algo tan intrascendente como el crecimiento del pelo cuenta con Él detrás, ¿quién va a poder convencerme de que las cosas realmente importantes de la vida no tienen al Señor de su parte para salir adelante?

Tú nos darás la paz, sí, porque todas nuestras empresas nos las realizas Tú. Las que no salen, o no merecían tanto la pena o no eran para bien. Las que tienen que salir, lo hacen aunque Tú tengas que meter mano y enderezar lo que nosotros andamos torciendo con nuestra torpeza pese a las buenas intenciones. Y lo que ni imaginamos, que es lo mejor de todo por ser Plan Tuyo sin más, no sólo nos dará la paz, sino una alegría que nada podrá superar. Así que amén, amén y amén. Y en paz.

Escuchadlo.

Las cosas que pide Dios

Hubo una vez un hombre llamado Abraham, a quien Dios puso al frente de su pueblo. Yahvé lo amó inmensamente, hizo con él una alianza y le prometió una descendencia más grande que las estrellas del cielo. A estas alturas de la historia, Abraham tenía 100 años y su mujer Sara, 90.

Es cierto que Abraham tenía otro hijo, Ismael, con Agar, la esclava egipcia de Sara. Pero la promesa de Dios era sobre la descendencia de un hijo del matrimonio.

Al buen hombre le dio la risa y a su mujer también. Pero al año Sara dio a luz a Isaac. Y es que Dios cumple sus promesas. Y todos fueron felices y comieron perd... Bueno, no, todavía no. Lo que ocurrió es que Dios quiso probar la fe de Abraham y le pidió que subiera al monte Moria y, allí, le ofreciera a Isaac en sacrificio. La cosa tiene pelendengues. No era sólo el hecho de tener que dar muerte a su hijo, a su primogénito, al niño que milagrosamente se engendró entre dos ancianos. Era además no entender cómo se podría cumplir, sin ese niño, la promesa de una descendencia. Dios pide. El hombre no entiende. Pero la fe obedece. Y así Abraham se convierte en padre de los creyentes, patriarca, roca firme de la fe de Israel. Si alguien quiere leer la historia completa que se pase por el Génesis: es una delicia.

Pasan los años y encontramos en escena a otro hombre. Esta vez un hombre joven. Carpintero. Un chico bueno, enamorado hasta las trancas de la hija de Joaquín y Ana, con la que estaba desposado. María se llamaba ella. Una pareja preciosa, descendientes de aquel Abraham del que hemos hablado antes.

Todo era promesa de amor y felicidad, cuando de repente... nace Jesús. Y Dios vuelve a pedir. Y su petición suena tan extraña como aquella del sacrificio de Isaac. Dios pide a José que acoja a María. Y que cuide de aquel Niño como de un hijo propio. Iba a comenzar una historia de dificultades y persecuciones, de exilio, de incomprensiones. Pero José, muerto de asombro, acunó al Dios del Cielo entre sus brazos.

Las cosas que pide Dios muchas veces nos sorprenden. Se salen de lo que teníamos imaginado, de nuestros propios planes vitales. Otras veces, simplemente, nos dejan sin palabras. Pero dos hombres de fe, Abraham y José, nos enseñan a creer. A confiar en el designio de Dios que es el más maravilloso de todos y con diferencia.

No hay que asustarse. La mayoría de veces no nos pide nada tan extraordinario como los dos casos que he citado antes. Igual es algo sencillito. Como quizás hacer silencio un par de minutos, olvidar la cena, las prisas, el ajetreo del día y recordar qué es lo más importante. Y abrirse a escucharle. Y estar dispuestos a que nos diga algo. Y recordar que, pida lo que pida, nos lleve donde nos lleve, su Amor siempre nos va a sostener.
Y darle gracias.
Y confiar...

Llama a tu marido

Juan 4,5-18.

Llegó Jesús a una ciudad de Samaria llamada Sicar, cerca del campo que dio Jacob a su hijo José; allí estaba el pozo de Jacob. Jesús, cansado del camino, estaba allí sentado junto al pozo. Era hacia la hora sexta.

Llega una mujer de Samaria a sacar agua, y Jesús le dice: **Dame de beber.** Sus discípulos se habían ido al pueblo a comprar comida. La samaritana le dice: ¿Cómo tú, siendo judío, me pides de beber a mí, que soy samaritana? (porque los judíos no se tratan con los samaritanos). Jesús le contestó: **Si conocieras el don de Dios y quién es el que te dice "dame de beber", le pedirías tú, y él te daría agua viva.**

La mujer le dice: **Señor, si no tienes cubo, y el pozo es hondo, ¿de dónde sacas el agua viva?; ¿eres tú más que nuestro padre Jacob, que nos dio este pozo, y de él bebieron él y sus hijos y sus ganados?.** Jesús le contestó: **El que bebe de esta agua vuelve a tener sed; pero el que beba del agua que yo le daré, nunca más tendrá sed; el agua que yo le daré se convertirá dentro de él en un surtidor de agua que salta hasta a vida eterna.**

La mujer le dice: **Señor, dame esa agua: así no tendré más sed, ni tendré que venir aquí a sacarla.** Él le dice: **Anda, llama a tu marido y vuelve.** La mujer le contesta: **No tengo marido.** Jesús le dice: **Tienes razón, que no tienes marido: has tenido ya cinco, y el de ahora no es tu marido. En eso has dicho la verdad.**

Lucía de Samaria

Yo, cuando pienso en Lucía, me acuerdo de "la negra flor". Era como cantaba Radio Futura, la "que creció tan hermosa de su tallo enfermizo"... (13).

Llegó a mi consulta con una depresión severa, la autoestima por los suelos y un cuadro de estrés crónico; y en pleno ataque de ansiedad, entre los nervios y los lloros, le entendí que decía más para sí que para mí: "lo último que me faltaba: un loquero ¡como yo si estuviese loca!".

Lucía tenía razón: no estaba loca. Pero sí, sí estaba enferma. Ella llegaba, se sentaba y lloraba sin parar. Y así una sesión tras otra. Cuando yo le preguntaba algo, me miraba asustada y seguía llorando tapándose la cara con su pañuelo. Mordiéndolo, de rabia y de vergüenza.

El día que abrió la boca al fin, no me habló de ella directamente...

"Carlos dijo que me quería, ¿sabe usted?; y ya ve... ¿Dónde está Carlos ahora? El primer desamor duele tanto... ¿Y Toni? ¿Ejerciendo de marido ejemplar y padre decente, el muy hipócrita, él que me dejó porque no quería compromisos? ¿Usted sabe cuánto quise yo a Toni? Y cuando pensé que ya no se podía aguantar más, conocí a Pablo. ¡Pablito, el que clavó el clavito!: otro que juró morir de amor por mí... y por Amparo, y por Ana, y por a saber por cuántas más. Que no, que ya no, que paso. Y entonces pasó Luis, que se me metió en el bolsillo llamando cerdos a Carlos y a Toni y a Pablo... mientras usaba de mí a su antojo. ¡Desgraciado! ¿Sabe usted la de cosas humillantes que me forzó a hacer? ¡Y lo que me costó que se fuera, que hasta tuve que denunciar el acoso y mudarme de barrio! Claro: cuando vino Julián diciendo no sé qué cosas de que yo era especial, que no había visto a ninguna más bonita, que no le importaba nada el pasado, ¡que me quería!... es que no hubo manera de creerle. Me entiende, ¿verdad? No pude darle ni el beneficio de la duda. Y quizás fuese el único que no mentía, ¡a saber! Porque mi Nando... mi Nando me engaña. O mejor: la engaña conmigo. Va de una cama a otra, sin dejar que ninguna se enfríe. Huele a todo menos a mí. Y yo ya no sé ni si me duele. Creo que ya apenas siento nada".

Le pregunté qué edad tenía, y me dijo que 39. Trabajaba en un buen sitio que nunca nombró: ella decía que al margen del trabajo oficial, el "decente", ella era "una profesional"; que sentía que eso era lo que había dejado que hicieran de ella. Que cuando a una le roban la dignidad y la alegría, ya sólo le queda desear escuchar algún tipo de "te quiero" a cambio de cualquier obscenidad, que es lo que hacían las profesionales y ella, por supuesto.

Lo peor es que lo tenía asumido.
Lucía pensaba de verdad que no valía para nada importante.
Lucía creía que nada podía cambiar, al menos no en ella.
Lucía invertía un rato de sexo vacío y sin condiciones, a cambio de la ficción de no sentir soledad.
Lucía definía el amor como "un contrato social temporal que hace que -al menos por hoy- no nos suicidemos".
Lucía, Lucía de Samaria, la negra flor que creció tan hermosa de su tallo enfermizo...

Si me preguntáis si se curó, os diré que sí. Con las marcas de donde estuvieron esas heridas o espinas que le salen a una con la vida, pero sí. Aunque tengo que confesar que no la curé yo, pese a mis ya quince años de experiencia profesional. La curó... la Gracia.

Dame esa agua

¿Qué es un marido?

Julián es mi marido. Llevamos 4 años casados, aunque a mí me parece que fue ayer. En realidad nos conocemos desde niños. Creo que cuando él dice que me ha amado toda la vida, dice la verdad; era yo la que casi ni me daba cuenta de su existencia. Porque Julián no es muchas cosas: no es un tío bueno, un hombre interesante o atractivo a simple vista, alguien con grandes proyectos o un personaje importante; ni siquiera es especialmente hablador ni extrovertido, ni practica deportes, ni bebe alcohol, ni sale de noche. Es el típico bicho raro del siglo XXI. Así es y así lo amo. Porque Julián sí es otras muchas cosas: es un hombre trabajador como el que más, detallista, con un sano sentido del humor; es quien da la visión optimista a mis dramas, quien cuida de mí con mucha paciencia y muchísimo más amor; quien me dice siempre la verdad; quien sabe ver lo hermosa que Dios me ha hecho pese a las cicatrices de mi historia, que ha sido larga, dura y vergonzosa.

Julián se sentó a mi lado y no dijo nada. Estuvo allí, conmigo. Al principio me sentí un poco incómoda. Al ratito, me conmovió su compañía, con ese silencio desbordante de respeto. Y lloré. Lloré largo rato, un pañuelo detrás de otro. Y Julián no dijo nada: sólo estuvo allí, a mi lado. Cuando al fin mis ojos se cruzaron con los suyos buscando su juicio, sólo encontré acogida. Donde yo me despreciaba él me amó. Donde yo no me soportaba él me amó. Donde yo no me perdonaba él me amó. Donde yo me sentía estancada, su amor trazó un punto y aparte... y comenzó una nueva vida. La "nuestra".

El amor de mi marido es radicalmente distinto a otros "amores" que yo había probado antes. Con Julián jamás me he sentido utilizada, ni humillada, ni engañada, ni chantajeada. Desde luego, lo que estamos viviendo en nuestro matrimonio es algo bien distinto a lo que yo había vivido hasta entonces, aunque llevase el mismo nombre.

Mi marido me ama en exclusividad: ni sueña con la posibilidad de tontear con otra, porque para él sólo existo yo. Su amor por mí es íntegro, puro, inocente, auténtico. Soy el objeto de su contemplación. Su felicidad consiste en fomentar la mía.

Mi marido no se mira a sí mismo: me mira a mí. Sí: se cuida por mí, crece por mí, se esfuerza por mí, mejora por mí, para mí. Toda su atención está puesta en darme alegrías y en ofrecerme lo mejor. Para él no existen los famosos ni los cotilleos ni ningún rollo televisivo: para Julián, la noticia verdaderamente interesante soy yo.

Mi marido es mi mejor apoyo. Nunca me abandona, aunque no entienda bien lo que quiero hacer. Él me da siempre la confianza que necesito para caminar; la fuerza para levantarme si tropiezo. Entre nosotros dos la comunión es común-unión de la de verdad. Queremos ser uno en ideales, en sueños, en valores, en principios. Queremos que la fe sea nuestro punto de encuentro en todo. Y aunque seamos muy distintos en muchas cosas, sentir que el alma va a una en lo importante no tiene precio.

Mi marido sabe como nadie llenar los vacíos de mi corazón. No por compasión. ¡Es que él me complementa! En él recupero lo que la vida me quitó: las alegrías, las esperanzas, la dignidad... Los sinsentidos se curan entre sus brazos, cómo se curan las heridas.

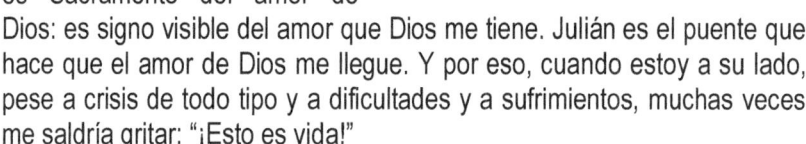

El amor de Julián, mi marido, es Sacramento del amor de Dios: es signo visible del amor que Dios me tiene. Julián es el puente que hace que el amor de Dios me llegue. Y por eso, cuando estoy a su lado, pese a crisis de todo tipo y a dificultades y a sufrimientos, muchas veces me saldría gritar: "¡Esto es vida!"

La Gracia me llegó con nombre propio. Fue un regalo directo del Cielo que curó mi corazón. Su nombre es Julián.

Nota: a Diego, mi Julián.

Dame de beber

Has perdido el amor primero

Recuerdo cuando eras joven de corazón.
Cuando el amor te hacía correr. Y volar.
Cuando toda distancia era corta si la meta era el encuentro.
Cuando tus gestos decían más que tus palabras,
que también decían mucho.
Cuando la primavera duraba 365 días.
Pero has perdido el amor primero (14).

Te recuerdo cantando. Te recuerdo sonriendo.
Tus cantos eran a mis oídos más bonitos que los del jilguero.
Tu sonrisa, tan cálida como el sol después de comer.
Recuerdo cuando saltabas de la cama.
Y cuando dormías de un tirón y a la primera.
Recuerdo los golpes de tu corazón en tu pecho
ante la belleza y la bondad,
ante la aventura de un ideal que no moriría contigo.
Pero has perdido el amor primero.

¿¡Cómo olvidar cuando al fin me dijiste "te quiero"!?
No recuerdo un momento que me conmueva más.
Y desde entonces, no pasó un día sin que me buscaras.
Y todas tus cosas eran mías; y todas las mías tuyas.
Y tu vida se fue haciendo más ancha, para acoger a todos;
y más alta, para poder verlo todo;
y más larga, hasta el infinito, hasta Mí.
Pero has perdido el amor primero.

El amor nos hacía uno.
Y no había soledad que no quisieras aliviar,
ni lágrima que no intentaras enjugar,
ni sed que no procuraras calmar.
Conmigo. Por Mí. En mi Nombre.

Y tu sufrimiento era corredentor.
Y tu trabajo, ofrenda grata.
Y tu historia, historia de salvación.
Así lo vivías, porque así era. Todo tenía sentido.
Pero has perdido el amor primero.

Ya no te quema la sangre en las venas.
Ya no lloran tus ojos de pasión.
El cansancio ha reemplazado a la alegría.
El entusiasmo de ayer, hoy es apatía.
Y ya no amas: aceptas o soportas, depende de a quién.
Y ya no vives: te aceptas o soportas, depende de cuándo.
Y ya no me hablas. Ni me escuchas. Ni te importa.
Junto al brocal del pozo sólo hay silencio.
Ni tienes sed ni la quitas.
Se te ha quedado seco el corazón...

Feliz "sinvalentín"

A todos los enamorados, que estáis viviendo la fase de subidón de endorfinas, adrenalina, dopamina, serotonina y oxitocina entre otras hormonas, que vivís drogados por ellas, absolutamente enajenados y sin control emocional, enhorabuena. Disfrutad de los besos y los bombones mientras duren, porque ese batido de sensaciones tiene los días contados. El enamoramiento es efímero, como las rosas rojas que hoy os regaláis.

Felicidades de corazón también a los que hoy celebráis "sinvalentín", estéis o no emparejados. A los que habéis descubierto que el amor poco o nada tiene que ver con el enamoramiento. A quienes hoy hacéis al otro el mismo regalo que ayer y que mañana: el de vosotros mismos. A quienes habéis descubierto, detrás de la alucinación hormonal del príncipe azul, a la persona a la que querer, con todo y pese a todo. A los que amáis a vuestra familia, a vuestros amigos, a Dios, con plena consciencia y en ejercicio libre de vuestra voluntad. Porque esa voluntad hará que vuestro amor perdure, pase lo que pase, toda la vida y más allá. Porque no estaréis nunca solos, aunque no tengáis quién os regale bombones hoy.

Yo, que puedo estar "enamorada" de unos 39 hombres a la vez, amo de todo corazón a 6 ó 7 personas -hombres y mujeres, niños y adultos- de los que sí recibo un regalo valioso de verdad: la correspondencia de su amor incondicional, esté maja o insoportable, llueva o salga el sol, sea 14 de febrero o 30 de enero del año que sea.

Felicitadme por ello, porque me ha tocado la mejor de las loterías. Y sé que en cualquier momento, sin fecha comercial por medio, si Dios quiere, aparecerá alguien que convertirá esta promesa en realidad:

UN DÍA ALGUIEN TE VA A ABRAZAR TAN FUERTE QUE TODAS TUS PARTES ROTAS SE JUNTARÁN DE NUEVO...
Alejandro Jodorowsky

Si conocieras el don de Dios...

Amor de los amores

Sé que este amor es Amor porque me sacia. Porque me levantaré mañana como hoy, sin desear encontrar otro mejor. Porque éste, cada día es nuevo. Porque en éste, ahora vivo en paz.

Sé que este amor es Amor porque, siendo exclusivo, no resulta posesivo. Porque me abre a otros amores, se traduce en ellos y me llega por ellos.

Todo amor bueno queda asumido en mi Amor. Y eso me llena, me colma. Me rebosa este Amor, regando y fecundando la vida que me rodea.

Mi cotidianidad es color "gris-primavera". No me adorna más maquillaje que la cara lavada y la mirada limpia.

Sé que este amor es Amor porque es como el Agua.
La que apaga mi sed para siempre.
La que sacia mis anhelos, refresca mis descansos,
relaja mis nervios, templa mis sofocos, limpia mis heridas.
La que me mantiene viva. La que es don de Dios...

Sí. Este Amor es como el Agua.
Como el Agua de las aguas, así el Amor de los amores.
Y –junto al brocal de un pozo-
esta samaritana que soy yo, hoy le canta.

¿Tanto?

"¡Hace tanto tiempo que no nos vemos...!"
"¡Las cosas han cambiado tanto últimamente!"
"¡Tengo tanto trabajo!"
"Me gustaría, pero... ¡cuesta tanto!"
"¡Me duele tanto!"
"Llevaba tanto tiempo esperándolo que ya ni me acordaba".
"¡Tenía tantas ganas de oírte!"
"¡Lo deseo tanto...!"

No sabría decir cuándo mide o pesa exactamente el "tanto". Pero viendo el contexto en el que usamos la palabra, deduzco que debe ser mucho. Y que se asocia con aquello que las personas consideramos importante. También sé que ese "tanto" no cuesta, porque hace referencia a cosas que no se venden: tiempo, esfuerzo, afectos, deseos, esperanzas, encuentros, circunstancias...

¿Cuánto es «tanto»? ¿Cuánto «tanto» es «te quiero tanto»?
¿Cuánto «tanto» es el «tanto amó Dios al mundo» (15)?
¿Cuánto "tanto" me ama, me espera,
me busca a mí en concreto, con mi nombre y apellidos?
¿Cuánto más tendré que seguir leyendo para darme cuenta...?

Se convertirá dentro de él en un surtidor de agua que salta hasta a vida eterna

Definiendo "amor"

El amor no es sexo, aunque el sexo pueda ser expresión del amor. La ausencia de sexo también puede ser expresión del amor.

El amor no es eros, enamoramiento (lo siento por Cupido); porque el enamoramiento es involuntario y pasajero. Los flechazos se esfuman como el humo.

El amor no es ciego. Es una decisión de la voluntad, libre y por tanto responsable.

El amor no se rompe. No hay discusiones, tormentas, golpes, heridas capaces de acabar con algo que es más fuerte que la muerte. Si se rompe no era amor, por más que se le pareciera.

El amor no anula la propia individualidad, aunque unifica. La felicidad de uno es la felicidad del otro. Yo soy más yo siendo para ti, siendo mejor para ti.

El amor es más exigente que el egoísmo, por eso duele. Machaca la soberbia de raíz.

El amor es más fuerte que la pasión, por eso purifica. Si la pasión enloquece, el amor libera.

El amor busca la correspondencia. Porque amor saca amor. El amor en soledad se ahoga, muere y mata. El mismo Amor en persona, que es Dios, reclama nuestra correspondencia en amor con todo el corazón, con toda el alma, con todo el ser: nada más... y nada menos.

El amor no es infiel ni pasajero; es definitivo: tú, sólo tú y siempre tú. El amor no tiene miedo al compromiso; al contrario: lo desea, lo busca, con autenticidad, con plena libertad. Porque el amor es pertenencia recíproca: nos cuidamos, nos queremos, nos exigimos, nos apoyamos, nos corregimos, los dos juntos, como en un beso.

El amor no se esconde, porque es puro. No puede alejar de Dios, porque Él es su fuente.

En el amor reside mi grandeza, y la tuya.

Regresó viendo

Jn 9, 1-23.

Al pasar Jesús, vio a un hombre ciego de nacimiento. Y sus discípulos le preguntaron: **Maestro, ¿quién pecó: éste o sus padres, para que naciera ciego?** Jesús contestó: **Ni éste pecó ni sus padres, sino para que se manifiesten en él las obras de Dios. Mientras es de día tengo que hacer las obras del que me ha enviado: viene la noche y nadie podrá hacerlas. Mientras estoy en el mundo, soy la luz del mundo.** Dicho esto, escupió en la tierra, hizo barro con la saliva, se lo untó en los ojos al ciego, y le dijo: **Ve a lavarte a la piscina de Siloé** (que significa Enviado). Él fue, se lavó, y volvió con vista. Y los vecinos y los que antes solían verlo pedir limosna preguntaban: ¿No es ese el que se sentaba a pedir? Unos decían: **El mismo.** Otros decían: **No es él, pero se le parece.** Él respondía: **Yo soy.** Y le preguntaban: ¿Y cómo se te han abierto los ojos? Él contestó: **Ese hombre que se llama Jesús hizo barro, me lo untó en los ojos y me dijo que fuese a Siloé y que me lavase. Entonces fui, me lavé, y empecé a ver.** Le preguntaron: ¿Dónde está él? Contestó: **No sé.**

Llevaron ante los fariseos al que había sido ciego. Era sábado el día que Jesús hizo barro y le abrió los ojos. También los fariseos le preguntaban cómo había adquirido la vista. Él les contestó: **Me puso barro en los ojos, me lavé y veo.**

Algunos de los fariseos comentaban: **Este hombre no viene de Dios, porque no guarda el sábado.** Otros replicaban: ¿Cómo puede un pecador hacer semejantes signos? Y estaban divididos. Y volvieron a preguntarle al ciego: ¿Y tú, qué dices del que te ha abierto los ojos? Él contestó: **Que es un profeta.** Pero los judíos no se creyeron que aquél había sido ciego y que había comenzado a ver, hasta que llamaron a sus padres y les preguntaron: ¿Es éste vuestro hijo, del que decís vosotros que nació ciego? ¿Cómo es que ahora ve? Sus padres contestaron: **Sabemos que éste es nuestro hijo y que nació ciego; pero cómo ve ahora, no lo sabemos; y quién le ha abierto los ojos, nosotros tampoco lo sabemos. Preguntádselo a él, que es mayor y puede explicarse.**

¿Quién pecó: éste o sus padres, para que naciera ciego?

Ciegos de nacimiento

Hemos decidido
que queremos un hijo ciego.
Eso es: no queremos que vea.
Ni cosas bonitas, ni cosas feas. Nada.

No es bueno que un niño vea.
A nosotros nos educaron en la Luz,
y hemos tenido que ver cosas terribles...
Hemos visto arrugas en la frente del abuelo.
Hemos visto muerte, enfermedad, violencia.
Hemos visto gente pidiendo en la calle.
Nos hemos enamorado de una sonrisa.
Nos ha tentado la belleza.
Y ese conocimiento, ese amor, esa compasión,
nos han hecho sufrir mucho.
Sufrimiento inútil. Al final, la vida nos ha enseñado
a ocuparnos de nosotros mismos,
que es lo único importante.

No es bueno que un niño vea.
Mejor esperar a que sea mayor,
y que él mismo decida si quiere o no abrir sus ojos.
¿Cuánto mal habré hecho yo por poder ver?
Si no hubiese visto la injusticia,
mi silencio no me habría hecho su cómplice.
Si no hubiese visto el dolor,
mi pasotismo no me habría secado el corazón.
Si no hubiese visto la hermosura,
mi hedonismo no me habría esclavizado.
Si no hubiese visto la paz en el rostro del que sueña,
¡cuánta envidia me habría ahorrado sentir!
No, definitivamente no queremos

que nuestro hijo vea.
Que nadie le hable del sol, ni de la luz, de las estrellas,
del rojo del rubor del amor,
de la transparencia de las lágrimas,
de los colores de la piel, de las miradas que hablan.
Queremos que se lo pierda.
Lo encerraremos en casa.
Entre nuestras cuatro paredes
y nuestra oscura visión de todo.
Porque así será más libre. Y más feliz.
Ya lo dice el refrán: "Ojos que no ven..."

Los limpios de corazón verán a Dios.

Pablo quiere ver a Dios

Quiere. Pero no puede. Algo falla.

Dicen que Dios está dentro de cada uno, que habita en el corazón del hombre. Pablo se mira en el espejo y sólo ve la imagen que ha creado de sí mismo: un tipo joven, deportista, divertido, listo, guapo... y mentiroso, seductor, aprovechado, manipulador...

Pablo quiere ver a Dios y no puede. Dicen que Dios está en el prójimo. Pablo sale a buscarlo y de camino se pierde en el prójimo. Se pierde entre las faldas de Marta, en el escote de Ana, en la boca de María... Sale buscando amor. Y regresa desbordado de sucedáneos.

Pablo quiere ver a Dios, pero algo falla. Dicen que Dios está en la Iglesia. Y a la iglesia va, cada semana: y es catequista y canta en el coro y hasta es colega del cura.

Porque de verdad que Pablo quiere ver a Dios.

Pero no puede.

Y se va a cenar con los amigos y les cuenta con detalle lo de Marta y lo de Ana y lo de María... Y se ríen a carcajadas. Y de postre, unas copas y, si se presta, algo más denso. Recoge a su novia, que nada sabe de nada; y se la lleva en el coche a algún lugar apartado donde hacer como que la ama para dejarla tranquila.

De vuelta a casa va pensando a dónde va a mandar a su madre si le pregunta de dónde viene, que ya no es ningún niño. Se encierra en su cuarto y se tira en la cama. Envía un mensaje indecente al móvil a Marta, a Ana y a María. El mismo a las tres, ¿por qué no? Y mientras ve en la tele un debate rosa sobre la Iglesia se pregunta por qué la criticarán tanto, con lo fácil que es en realidad ser cristiano hoy en día: si eso del pecado ya no existe, que se lo dijo su colega el cura hace no sé cuánto. Y se duerme. Por supuesto sin ver a Dios.

Porque Pablo quiere ver a Dios. Pero quiere y no quiere.

Y mientras enturbia su vida de impureza, Dios mismo en persona susurra en su alma la Verdad: "Los limpios de corazón verán a Dios" (16).

¿Habéis visto al amor de mi alma? (17)

Presentir

Se me acerca mi niña, se acurruca a mi lado en el sofá con la mantita encima (hoy hace un frío que pela) y se hace el silencio. Ese silencio que precede a algo importante y que ya conozco tan bien...

- "Yo no siento a Dios", dice al fin.

Y me quedo más helada de lo que ya estaba. No sé qué contestar. Finalmente, opto por la verdad:

- "Yo tampoco".

Y de nuevo, el silencio.

La nena suspira profundamente y pone sus manitas entre las mías buscando un poco de calor y acomoda su cabeza en mi pecho.

- Yo no tengo ni idea de a qué sabe Dios -continúo diciéndole-: presiento que andará más cerca del chocolate que de las acelgas, porque así me lo pide mi sentido del gusto, aunque jamás lo haya probado. No sé cómo huele Dios: presiento que debe ser algo parecido al jazmín, porque me encanta el jazmín, igual que a ti; pero jamás he sentido su olor.

- ¡No! ¡A madalenas recién hechas!

- Es verdad, corazón; el olor de Dios se debe parecer mucho al de las madalenas recién hechas.

Y mientras me quedo recordando la delicia de ese olor, sigo pensando. Yo nunca he tocado a Dios: salvo en la Eucaristía, un casi nada que se deshace en un ya. Pero presiento el roce de Dios en el calor del cariño humano que me rodea. Leo cada día la Palabra de Dios, pero no sé cómo suena su voz. Presiento que no tiene voz propia o que ha hecho propias las voces de sus miles de profetas a lo largo de la historia. Puede que a veces suene incluso a mí. Yo nunca he visto a Dios. Presiento que no debe existir hermosura mayor que la suya. He intuido su mirada en la profundidad de los ojos de sus pobres; he presentido sus manos en las manos de los sacerdotes que me absuelven los pecados; estoy casi segura que su sonrisa se parece bastante a la de mis amigos. Pero añoro sentir su abrazo, en vivo y en directo.

Espero un día poder sentir lo que presiento. Y espero haberme quedado corta. Muy corta. Espero que mi nena entienda que la fe es justamente eso: presentir. Y que cada vez que huela a madalenas recién hechas presienta que Dios le anda cerca.

Hizo barro con la saliva y se lo untó en los ojos al ciego

Saliva y tierra

Nacho abrió los ojos.
Fue una cura inmediata.
Sí. Abrió los ojos y empezó a verlo todo.
Vio la tierra. Porque era tierra, no calle. Calles no vio ni una. Vio las chabolas, hechas de cartón y uralita. Casas tampoco vio. Sólo aquellos paraguas de cartón y uralita sobre la tierra húmeda.

"Si quieres agua, aquí el río y allá el mar. Mientras, traga saliva. Puede que algún día alguien se acuerde de esta selva".

Sus ojos se recuperaban a una velocidad pasmosa. Igual que su alma. Cada vez podía ver más detalles.

Vio los árboles, generosos, cargados de frutos dulces: mangos, pitallas, piñas, cocos y muchos otros de los que no sabía el nombre. Nunca antes había podido ver algo parecido. Tanto fruto en tanta nada. Tierra, sucia pero buena. Tierra que quiere a sus pobres. "Si quieres comer, sírvete. No hay más que lo que ves. Tampoco menos. Tranquilo: hoy no morirás".

Junto a los hombres, los puercos, las gallinas y esos perros desnutridos que lamen las heridas de sus amos, tan desnudos como ellos, puros huesos. Saliva y tierra. Y los ojos de Nacho abiertos de par en par.

"Bienvenido a la familia. Aquí el papá, la mamá, el abuelo, la abuela, la hija mayor con el yerno y los tres nietos, el hijo mayor con la nuera y cuatro nietos, la hija mediana con el marido, recién casada y los dos pequeños, que tampoco van a la escuela, aquí no hay de eso. Contigo ya estamos todos". Y sonríen. Y es una sonrisa sincera.

A Nacho le lloran los ojos. De pura salud. Su corazón palpita como nunca. ¡Se siente vivo como nunca! Cuando leyó el anuncio no podía acabar de creerlo: "Se devuelve la vista a los ciegos; tratamiento intensivo desde dos semanas, con auténticos profesionales del Tercer Mundo. ¡Venid y veréis!" (18).

Y ahí estaba ahora. Viendo. Viendo a los hombres ser hombres, vestidos de decencia y dignidad. Sin nada detrás de lo que poder esconderse. Viendo a las familias ser familias, amplias, acogedoras. Sin cuatro paredes que pudieran protegerlas, ni tampoco aislarlas. Viviendo de la fe. La fe que promete que Dios no se olvida de sus hijos, que Dios camina con su Pueblo, que Dios habita entre nosotros. La fe que mueve montañas, tan grandes como el corazón de Nacho.

Algún día, en esta selva, habrá un buen pozo; él sí se acordará de hacerlo. Mientras, Nacho hoy aprovecha la vida jugando con aquellos niños, a ver quién lanza una piedra más lejos. El eco de las risas llega hasta el cielo. Y Nacho, conmovido, reza... "Ahora, Señor, según tu promesa, puedes dejar a tu siervo irse en paz, porque mis ojos han visto a tu Salvador" (19).

Todos verán la salvación de Dios.

Detrás de la montaña

El profeta abre el balcón, se asoma a la calle y grita con todas sus fuerzas: "¡Preparad el camino al Señor!" (20). Y por más altos que pongamos los villancicos, siempre habrá alguien que escuche, como en un sueño, su eco. Alguien que mire hacia arriba, buscando de dónde viene esa voz. Es un ejercicio peligroso: si buscas puedes encontrar cosas. Cuentan por ahí las abuelas que unos Magos, de tanto mirar, dieron con una estrella y tuvieron que emprender un viaje inesperado que les cambió la vida para siempre. Yo me asomo a mi ventana y veo... la ventana del edificio de enfrente. Detrás de ese edificio sé que hay otro y detrás otro y otro más... lo que no sé es hasta cuántos. Pero sí sé que en algún momento las luces cesan, los ruidos también, la gente desaparece y los edificios. Y me imagino a mí misma sola, frente a una montaña. Una austera, alta y poco prometedora montaña que ya no puedo apartar, que se empeña en no dejar ver lo que hay detrás. Y que, con el frío y la noche, no me apetece nada subir.

Sé que esa montaña existe. Aunque no tenga nombre propio. Aunque no aparezca en los mapas. Es mía, en exclusividad. Tengo experiencia bien concreta de ella. El eco del profeta muere a sus pies. Miro hacia arriba y no veo más que metros de tierra. Mi tierra. Debe haber treinta y muchos, al menos uno por cada año vivido hasta aquí. Y están compuestos por un sinfín de "cómo me duele que", "me acuerdo de", "yo ya no merezco que", "siento que a mí no", "imposible olvidar que", "y por qué a mí", "es que yo sola no", "a estas alturas ya no", "la realidad es la que es"... y por un "que sea lo que Dios quiera" que suena más a rendición que a abandono confiado.

Mi Dios quiere vivir mi vida conmigo. Y una enorme montaña de sentimientos oscuros almacenados, adviento tras adviento, se ha levantado en medio de nosotros, demasiado indiscreta como para ignorarla más. Abro los ojos y escucho, en un balcón no muy lejano, al profeta que grita: "Que se abajen los montes... Y todos verán la salvación de Dios" (21) ¿Cuántas veces detrás de la montaña está la aurora?

Blanco y negro

Hay personas que se empeñan en querer verlo todo negro. Si saben que alguien estudia mucho afirman que es un empollón. Si su mejor amiga liga, es una descarada. Si sale el sol les quema y si llueve se constipan. Nada de lo que hacen los demás les parece bien; y por ser fieles a su "negrura", ni siquiera están contentos consigo mismos.

Hay otras personas que se empeñan en querer verlo todo blanco. Lo mismo les da aprobar que suspender, ser amadas que odiadas, el sol o la lluvia. Viven en su burbuja artificial, pensando ingenuamente que todo está bien, empeñadas en una felicidad que es más una ilusión teórica que una conquista personal.

Y hay quienes son capaces de ver los grises. Que saben que existe el mal, pero que gracias a Dios también existe el bien. Que caminan, meten la pata y la sacan y vuelven a equivocarse y recomienzan, siguiendo quizás un camino mucho más gris pero más auténtico que el de los hombres de blanco y negro.

Son personas que se merecen un aplauso de una vez por todas: el empleado del traje gris; los príncipes grises que no viajan a caballo sino en coches de más de diez años; las princesas que trabajan como una más en lo ordinario y friegan los platos y cuentan cuentos por las noches a sus hijos; los santos de hoy, que lo son sin ser perfectos; las personas que hoy sueñan, mañana lo intentan, pasado caen, al otro se levantan y se atreven a seguir soñando; quienes, tanto en la blanca luz como en la negra oscuridad, siguen dando sus pequeños pasos; aquellos que saben poner el prisma adecuado al blanco para sacarle a trasluz un arcoíris, o que conocen que –en el fondo- el negro no es más que la suma de rojos, azules y amarillos; los que añaden sin descanso más tonalidades a su gama de grises cotidiana; aquellos que se arriesgan a reinventar su vida, por encima de todo y de todos, con la cabeza bien alta sin perder de vista el claroscuro de la luz de un Faro que, siempre y sin descanso, orienta su rumbo.

Para que se manifiesten en él las obras de Dios

Abiertos

El Espíritu de Dios sopló...
Y se abrieron nuestros ojos; y descubrimos
a Jesús resucitado latiendo en nuestras cosas cotidianas.

Y se abrieron nuestros labios;
y gritamos a todos que el Señor es bueno y cariñoso,
que tiene fe y esperanza aún en nosotros.

Y se abrieron nuestros oídos;
y escuchamos –no palabras- la Palabra que nos pide:
partíos por los demás y hacedlo en memoria mía.

Y se abrieron nuestras manos,
y estrechamos otras manos fuertemente.
Y rezamos: "que venga tu reino,
que el mundo quede inundado de tu aroma,
de tu buen olor, Dios nuestro".

Y se abrieron los corazones.
Se abrieron de par en par.
Se hicieron acogida a la verdad y a la alegría y al amor.

Sopló el Espíritu de Dios
y llegó a nosotros la Vida...
y queremos compartirla con vosotros.

¿Quién me ha tocado?

Marcos 5: 21, 25 – 34.

Jesús atravesó de nuevo en la barca a la otra orilla, se le reunió mucha gente a su alrededor y se quedó junto al mar.

Había una mujer que padecía flujos de sangre desde hacía doce años. Había sufrido mucho a manos de los médicos y se había gastado en esto toda su fortuna; pero, en vez de mejorar, se había puesto peor. Oyó hablar de Jesús y, acercándose por detrás, entre la gente, le tocó el manto, pensando**: "Con solo tocarle el manto curaré".** Inmediatamente se secó la fuente de sus hemorragias y notó que su cuerpo estaba curado.

Jesús, notando que había salido fuerza de él, se volvió enseguida, en medio de la gente y preguntaba: **"¿Quién me ha tocado el manto?".** Los discípulos le contestaban: «Ves cómo te apretuja la gente y preguntas: «¿Quién me ha tocado?»». Él seguía mirando alrededor para ver a la que había hecho esto.

La mujer se acercó asustada y temblorosa, al comprender lo que le había ocurrido, se echó a los pies y le confesó toda la verdad.

Él le dice: **"Hija, tu fe te ha salvado. Vete en paz y queda curada de tu enfermedad".**

Padecía flujos de sangre desde hacía doce años

Pepita se desangra

Había una vez una mujer, pongamos que se llamaba Pepita. Pepita vivía sola con su gato. Tenía un trabajo inútil y agotador, pero al menos le daba para pagarse las habichuelas. En sus ratos libres le gustaba leer y hacer punto de cruz. Era una gran aficionada al mercadito de los jueves y al chocolate en todas sus versiones.

Ocurrió que un día Pepita empezó a tener problemas de salud. No eran muy graves, pero sí continuos. Una gripe aquí, un desmayo allá, una pierna rota, una contractura muscular, alguna operación un pelín más complicada, algo de insomnio... La familia bien, gracias: cada uno en su casa y Dios en la de todos. Los precios subían pero el sueldo no. En un país donde que te concedan una hipoteca era tan poco probable como que te tocara la lotería, encontrar un piso de alquiler decente era una aventura sin fin, con lo que de inestabilidad supone el tema. Pisito con dos habitaciones, una siempre reservada a las cajas que jamás se desembalan, siempre listas para el siguiente traslado. El trabajo cada día parecía más duro, pese a que siempre hacía lo mismo. Y Pepita, ese día, se dio cuenta. Todo le pesaba. Nada le hacía feliz. Parecía que donde ponía sus sueños todo se desvanecía, que aquello que tocaba dejaba de brillar automáticamente. Se sentía la "anti-Midas". Y se preguntó: "¿me habrá echado alguien un mal de ojo? ¿en qué momento de mi vida me metí en un agujero negro?".

Pepita, muy cansada ya de todo, quiso buscar alguna solución; porque no dijeran que se rendía sin ni siquiera intentarlo.

Primero fue el Yoga, aunque por horario tuvo que dejarlo pronto. Se apuntó después a un gimnasio, perdió veinte kilos y se echó un noviete. Le duró seis meses, el tiempo que tardó en querer darse cuenta que estaba siendo utilizada como segundo plato. Desesperada acudió al psicólogo. Al principio el Prozac le ayudaba, pero con el tiempo volvió a sentirse cada vez más vacía, como su cuenta corriente. Y agotada. Y enferma, al menos de melancolía. Su corazón latía de forma extraña y perdía sangre no sabía bien por dónde. Y los flujos eran cada vez mayores. No se atrevía a hacer nada, a esperar nada, a soñar con nada; pensaba que todo lo noble del mundo sobre lo que ella pusiera sus manos quedaría impuro. Ella misma se sentía impura. Y así, un año tras otro, a Pepita en el barrio acabaron por apodarla "la hemorroísa".

Dicen que dicen que la esperanza es lo último que se pierde. Quién lo dice no lo sé. Alguien que ha vivido poco, eso seguro.

A Pepita la esperanza se le había quedado palabra hueca. Y tras ella se le enfermó el amor. Pepita hacía tiempo que vivía sólo de fe, que es algo bien distinto a sentir: que a veces es querer creer, sin más.

Hasta que un buen día, uno muy parecido a hoy mismo, la noticia llegó a sus oídos, como un cotilleo a la cola de la caja en el mercado...

El Hombre que había dicho "Dichosos los pobres"; Aquél que había dado de comer a más de cinco mil personas en la ladera del monte; ese varón joven que hablaba de ovejas perdidas, de hijos pródigos, de pecadores invitados a un banquete... vivía en su ciudad, muy cerquita de ella, más de lo que jamás hubiese podido imaginar. Y una chispa de esperanza, quizás la última, movió a Pepita a ir a su encuentro.

Y todos conocemos el final de la historia. Lo que no entiendo es cómo es posible que sabiéndolo, sigamos dejándonos la fortuna y las fuerzas en remedios inútiles. ¿Hasta cuándo nos tendremos que agotar nosotros solos para empezar a pensar en serio que tal vez sea cierto ese "Sin Mí no podéis nada" (22)? Él camina delante de nosotros. ¿Quién tendrá la fe suficiente para acercarse el primero a rozar siquiera su manto?

¿Quién me ha tocado?

Apología del mimito

Esta mañana he leído un artículo interesante sobre la astenia primaveral. Le he dado algunas vueltas durante el día; porque a mí, lo que leo, me suele hacer pensar. Yo no creo que ese estado melancólico tenga que ver con la primavera en sí, sino con la época en la que se da: se acerca el verano, con todo el estrés de fin de curso que le precede, los días son más largos y nos pilla ya cansados.

Sí es cierto que en estas fechas la gente llama más por teléfono, va más al médico, duerme más de día, tiene peor cara y peor humor. Y las farmacias se forran vendiendo complejos vitamínicos. Pero a mí no hay quien me haga cambiar de opinión: lo mejor para estos casos es una buena dosis de mimitos.

Y me ha dado pena. Porque buscando "mimitos" en las imágenes de Google, prácticamente todas eran fotos de mascotas. Como si los humanos no los necesitáramos. Con los bebés es diferente: los inflamos a besitos y caricias, a veces hasta pasarnos y hacerlos llorar. Pero cuando crecemos...

¿Nos da vergüenza? Yo digo que sí y que acabamos llamando astenia a lo que en muchos casos es una súplica desesperada por el mimito perdido, un «achúchame, dime algo bonito, que llevo todo el curso currando y no soy una máquina: ¡que tengo corazoncito!». Y ocurre como con las plantas: las abonas un poquito y reviven que es un primor.

Me he dado cuenta de que las personas mayores nos tocamos poco. Por no decir nada. Si alguien me roza, aunque sea sin querer en el supermercado, me pide disculpas por ello. Incluso en nuestras Misas, la gente ha dejado de besarse en la paz para darse la mano rápidamente, o hacer un pequeño gesto con la cabeza. Ni siquiera en las fotos salimos ya rodeando con el brazo el hombro del de al lado: nos ponemos en fila, como en exposición. Y esa lejanía, esa falta de roce, nos está pasando factura.

¿Dónde hemos escondido nuestros abrazos de amistad sincera, nuestros besos de buenas noches, nuestros apretones de manos, nuestros mimitos más tiernos?

Quien diga que no le apetece una dosis de algo así o que no es capaz de darla, miente. Típico de adultos tontos. Ojalá nosotros, como aquellos de hace dos mil años, seamos la envidia de la gente y puedan volver a pensar en su interior cuando nos vean: "¡Míralos cómo se quieren!" (23).

¿Quién me ha robado el mes de abril?

En 1988 se hacía esta importante pregunta el gran Sabina (24). Tras él, muchos, incontables. En el 94 añadió unos versos iniciales a esta canción, que ya se había convertido en todo un himno:

"*¿Quién envenena las palabras?*
¿Quién truca el dado del parchís?
¿Quién me asesina por la espalda?
¿Quién llora si me ve reír?
¿Quién va desnudo a la oficina?
¿Quién contamina mi jardín?
¿Quién ha inventado la rutina?
¿Quién coño me ha robado el mes de abril?»
Metáforas para un sentimiento común, del que pocos se libran.

Creo que a día de hoy, nadie ha dado todavía con el "Ladrón". Pero existe. Ya lo creo que existe. Quiere engañarnos haciéndonos creer que no, pero ya le hemos visto el plumero. Y tarde o temprano se sentará en el banquillo de los acusados y la Vida le condenará a muerte y volverá la primavera a lucir con todo el esplendor con el que el Buen Dios la creó.

¿Quién deja en rojos mi cuenta de esperanza?
¿Quién a mis sueños quiere hacer morir?
¿Quién oscurece la luz en mi jornada?
¿Quién teme a la locura que hay en mí?
¿Quién dice que mi hacer no vale nada?
¿Quién se divierte si me ve sufrir?
¿Quién hace duras todas mis mañanas?
¿Quién habla en mi alma mal de mí?

El que pretenda darme la última estocada
que lo haga cara a cara, que no me roba nada:
el Cielo que me espera es un eterno mes de abril...

Se echó a los pies

A tus pies

Aquí la tenéis. Dormida a mis pies, entre mis calcetines y la silla del ordenador. Ella, a la que riño continuamente; la que hoy ha dormido solita castigada por el desastre que me hizo en el cuarto la noche anterior; la que se lleva cachetes en el morrito; la que me aguanta que le llame "lady cacotas", "cochinota" "mi meonceta" y cosas parecidas; la que se traga a las malas la asquerosa medicina que le doy para la desparasitación.

Todo el mundo juega con ella, la miman, la achuchan, le aplauden... y llego yo y de nuevo las riñas:

"Bubu, ¡¡¡NOOOOO!!!"; "te he dicho que no"; "¡llora lo que quieras, meona!"...

Abro la puerta de casa, entro y mueve la cola como una loca, y se acerca a mí pegando trotecillos, saca su lengüecita y me da un lametón en la mejilla. Y se viene a dormir a mis pies. A los míos. No a su cuna, no a su caseta, no a su alfombra: a mis pies.

¿¡Y que tenga que venir un cachorrito a enseñarme cómo se hace!? Me había acostumbrado a una vida tranquila, limpia, ordenada, silenciosa. Y de repente llegó Bubu que es todo un huracán que me lleva loca. Y no había pensado ni por un momento lo complicado que debe ser para Dios cuidarme a mí, "lady cacotas" por excelencia, con mis desastres incontrolados, dándome la "medicina" que me conviene a la fuerza, teniendo que corregirme a veces con un "NO" rotundo. Y yo ladro, gruño, muerdo, lloro.

Bonita lección de humildad, Bubu: así se dice y así se hace: cuando descubres que hay un Amo que te quiere bien, lo natural es descansar "a sus pies"...

Se había gastado en esto toda su fortuna

Supersticiones

Señor, Dios Bueno:
En tu mano están mis azares.
Tú eres mi amuleto de la suerte.
Tú, mi día de vino y rosas.
Mi moneda lanzada a la fuente.
La herradura en la puerta de mi casa.
Mi trébol de cuatro hojas.
Mis doce uvas en fin de año.

No toco madera: me acojo a Ti.
No pido un deseo si pasa una estrella fugaz: te rezo a Ti.
No cruzo los dedos: me pongo en tus manos.
Sí, Dios Bueno: porque en tus manos están mis azares.
Tú, mi número siete.
La ristra de ajos en mi cocina.
La piedra preciosa colgada en mi cuello.
La ranita, el búho, el elefante.
La pata de conejo.
Mi billete de la fortuna.
Mi talismán.
Mi horóscopo.
Mi luna llena.
La moneda escondida en un calcetín.
Mi colección de cristales de cuarzo.
Mi cinta roja.
Todo eso me sobra si me encuentro contigo.
Tú lo abarcas todo, lo superas todo, lo desbordas todo.
La mentira se desvanece en presencia de la Verdad.
No hay curanderos charlatanes que se sostengan
en presencia del Salvador del mundo.
No hay nada que pueda protegerme de tu protección.
¿Quién me separará del amor de mi Dios?

Todo es para bien si así Tú lo quieres.
Sí, Dios Bueno.
En tu mano están mis azares.
En la ruleta de la vida apuesto por tu número.
Lo invierto todo el Ti.
Y que sea lo que Tú quieras.
Tú echarás mis cartas.
Leerás los posos de mi café.
Y todo estará bien.
Tú diseñaste cada línea de mis manos.
Tú me sondeas, me conoces y me amas.
Y todo está bien.

Sólo quiero rozar tu manto.
Sólo escuchar tu Palabra.
Sólo saber que me buscas, que me ves,
que entre tanta gente yo tengo tu atención.
Si Tú me miras quedaré limpia.
Si Tú me tocas volveré a nacer.
Si Tú lo quieres, me levantaré.
Confiaré siempre, pase lo que pase.
Porque en tu mano. Señor, están mis "azares" (25).

Necesidad de ser curados

Dice el Evangelio (26) que Jesús "curaba a los que tenían necesidad de ser curados". Deduzco fácilmente que había otros, pues, que no necesitaban ser curados. Y no necesariamente porque estuvieran sanos. Esto me ha dado mucho que pensar... ¿Habrá "enfermedades" que Dios quiera en nuestra vida? De ser así, el motivo no puede ser otro que un mayor bien que el de la propia curación, ¿cierto? Pero vaya; eso no es nada fácil de aceptar. Al menos en principio.

Imagino que hay varios tipos de enfermedades y que no todas traen como desenlace la muerte (otro día a ver si escribo sobre ese asombro que me produce el miedo que la gente le tiene a la bendita Hermana Muerte, porque yo no consigo entenderla como un mal).

Hay enfermedades físicas: la lista de enfermos de cáncer por la que rezo cada día se lleva la palma, se impone imperiosamente a las demás. Pero la cantidad de dolencias físicas es tan larga que se deja abierta en las clasificadas como "enfermedades raras". Si pasáis una noche en urgencias, en la sala de espera veréis una muestra muy variada: personas en camillas, o con goteros, tiritonas, contusiones, roturas, vómitos, mareos... Las causas, los médicos las sabrán; o no. Puede que Dios piense que no necesita curarnos de ellas, porque para eso inventó a los especialistas. O porque va a resultar que el dolor sí tiene un valor redentor, aunque nadie se atreva a hablar de ello.

También hay enfermedades mentales. Esas parecen ser más vergonzantes. Pero el hecho es que tanto la ansiedad como la depresión por ejemplo son el pan nuestro de cada día. He leído en algún sitio que el Prozac es el medicamento más utilizado en el mundo después de la Aspirina. Por algo será. Sin quitarles ni un pelín de importancia y teniendo muy en cuenta que muchas de ellas son endógenas e incluso hereditarias; que las hay tan graves que precisan tratamiento interdisciplinar y mucho tiempo o medicación; que algunas son crónicas o recurrentes y que hay hasta quien muere por ellas... no puedo evitar preguntarme si también puede haber algunos casos en los que nuestra propia actitud potencie este tipo de enfermedades. La ansiedad, por ejemplo: ¿no hay veces que la cura consiste, entre otras cosas, en aprender a decir "hasta aquí" o simplemente "no"? Pero eso supone un enfrentamiento, o con quien trata de explotarnos o contra nosotros mismos y nuestra escala de valores; y los enfrentamientos no son agradables, exigen pasar un mal trago, hacerse fuerza, superarse. ¿Necesita una persona en ese caso que Dios la cure sin más, o también ponerse las pilas y tomar el toro por los cuernos? Buena pregunta, ¿verdad? Especialistas para ayudar a discernirlo los hay y, gracias a Dios, algunos muy buenos.

Existen otras enfermedades... esas me preocupan bastante más. Son las espirituales. Me preocupan porque son tan gordas que a veces incluso causan además enfermedades físicas y psicológicas. No en vano el alma es la que alienta al cuerpo. Un cuerpo sin alma es un cuerpo muerto. Hasta ese punto hay dependencia. ¿Qué pasa entonces cuando es el alma la que está enferma? Si existiese una especie de sala de espera para personas con enfermedades espirituales, ¿qué síntomas podríamos encontrar? Tal vez tristeza o falta de esperanza o cansancio y agobio, o miedo y vergüenza, odio, rencor, egoísmo, falta de dominio propio, de paz... No me cabe la menor duda de que Dios quiere curarnos de estas enfermedades, pues precisamente para ello murió en una Cruz. Pero aceptar su curación supone dejarse en sus manos, confiar en Él, escuchar sus Palabras y dejarle que tome el control. Y ahí está la gran enfermedad del hombre moderno: ¡que no queremos dejar a Dios ser Dios!; ¡que en el fondo no nos creemos que Él sabe más!; ¡que no nos da la gana aceptar que su Voluntad es lo mejor para nosotros y nos empeñamos en querer entender y entender y entender!... Y ya nos lo advierten los santos, que no está el asunto en entender sino en amar -sin más, y "por ser Vos quien sois"- su Santísima Voluntad.

Así que Dios de mi alma: si crees que no tengo necesidad de ser curada, no me cures. No te pido la salud: ni la de mi cuerpo, ni la de mi mente, ni siquiera la de mi alma si mis pecados con tu perdón me van a acercar más a Ti. Sólo te pido que no me dejes sola nunca. Y que al final de mis días pueda cantar la mejor de las canciones; en heavy, pop, rock, indie... ¡me da igual!: pero cantar, sí, cantar a pleno pulmón y de todo corazón tu gran Misericordia.

Sal afuera

Jn 11, 1-45

Había caído enfermo un cierto Lázaro, de Betania, la aldea de María y de Marta, su hermana. María era la que ungió al Señor con perfume y le enjugó los pies con su cabellera; el enfermo era su hermano Lázaro. Las hermanas le mandaron recado a Jesús diciendo: **Señor, al que tú amas está enfermo.** Jesús, al oírlo, dijo: **Esta enfermedad no es para la muerte, sino que servirá para la gloria de Dios, para que el Hijo de Dios sea glorificado por ella.** Jesús amaba a Marta, a su hermana y a Lázaro. Cuando se enteró de que estaba enfermo se quedó todavía dos días donde estaba. Sólo entonces dijo a sus discípulos: Vamos otra vez a Judea. Los discípulos le replicaron: **Maestro, hace poco intentaban apedrearte los judíos, ¿y vas a volver de nuevo allí?.** Jesús contestó: ¿No tiene el día doce horas? Si uno camina de día no tropieza, porque ve la luz de este mundo; pero si camina de noche, tropieza porque la luz no está en él. Dicho esto, añadió: **Lázaro, nuestro amigo, está dormido: voy a despertarlo.**
Entonces le dijeron sus discípulos: **Señor, si duerme, se salvará.** Jesús se refería a su muerte; en cambio, ellos creyeron que hablaba del sueño natural. Entonces Jesús les replicó claramente: **Lázaro ha muerto, y me alegro por vosotros de que no hayamos estado allí, para que creáis. Y ahora vamos a él.** Entonces Tomás, apodado el Mellizo, dijo a los demás discípulos: **Vamos también nosotros y muramos con él.** Cuando Jesús llegó, Lázaro llevaba ya cuatro días enterrado. Betania distaba poco de Jerusalén: unos quince estadios; y muchos judíos habían ido a ver a Marta y a María para darles el pésame por su hermano. Cuando Marta se enteró de que llegaba Jesús, salió a su encuentro, mientras María se quedó en casa. Y dijo Marta a Jesús: **Señor, si hubieras estado aquí no habría muerto mi hermano. Pero aún ahora sé que todo lo que pidas a Dios, Dios te lo concederá.** Jesús le dijo: **Tu hermano resucitará.** Marta respondió: **Sé que resucitará en la resurrección en el último día.** Jesús le dijo: **Yo soy la resurrección y la vida: el que cree en mí, aunque haya muerto, vivirá; y el que está vivo y cree en mí, no morirá para siempre. ¿Crees esto?.** Ella le contestó: **Sí, Señor: yo creo que tú eres el Cristo, el Hijo de Dios, el que tenía que venir al mundo.** Y dicho esto, fue a llamar a su hermana

María, diciéndole en voz baja: **El Maestro está ahí y te llama.** Apenas lo oyó, se levantó y salió adonde estaba él: porque Jesús no había entrado todavía en la aldea, sino que estaba aún donde Marta lo había encontrado. Los judíos que estaban con ella en casa consolándola, al ver que María se levantaba y salía deprisa, la siguieron, pensando que iba al sepulcro a llorar allí. Cuando llegó María adonde estaba Jesús, al verlo se echó a sus pies diciéndole: **Señor, si hubieras estado aquí no habría muerto mi hermano.** Jesús, viéndola llorar a ella y viendo llorar a los judíos que la acompañaban, se conmovió en su espíritu, se estremeció y preguntó: **¿Dónde lo habéis enterrado?.** Le contestaron: **Señor, ven a verlo.** Jesús se echó a llorar. Los judíos comentaban: **¡Cómo lo quería!.** Pero algunos dijeron: **Y uno que ha abierto los ojos a un ciego, ¿no podía haber impedido que éste muriera?.** Jesús, conmovido de nuevo en su interior, llegó a la tumba. Era una cavidad cubierta con una losa. Dijo Jesús: **Quitad la losa.** Marta, la hermana del muerto, le dijo: **Señor, ya huele mal porque lleva cuatro días.** Jesús le replicó: **¿No te he dicho que si crees verás la gloria de Dios?.** Entonces quitaron la losa. Jesús, levantando los ojos a lo alto, dijo: **Padre, te doy gracias porque me has escuchado; yo sé que tú me escuchas siempre; pero lo digo por la gente que me rodea, para que crean que tú me has enviado.** Y dicho esto, gritó con voz potente: **Lázaro, sal afuera.** El muerto salió.

Zombies

Entre nuestra casa y el cole, cada mañana, mi peque y yo tenemos que coger dos buses. El segundo de ellos cruza las grandes vías de Valencia, en esa hora indecisa entre la noche y el día. Los dos sentidos de la circulación están separados por un paseo donde hay árboles, algunas estatuas y banquitos para la gente. Ahí estábamos las dos, acurrucadas en un asiento; y cuando a mí se me iban cerrando los ojos la nena me suelta:
- ¡Mira, un muerto!
- ¿Dónde?
- Ahí, en el banco de atrás. ¡Espera! ¡Ahí delante hay otro!
- No, cariño; no son muertos. Son personas durmiendo.
- ¿Durmiendo? ¡No, no es verdad! Están muertos. ¿No ves que están tapados con una sábana? Además, si estuvieran vivos, alguien les ayudaría ¿no?

No he sabido qué contestarle. He seguido mirando por la ventana del bus y he visto otro más. Al lado, un grupo de niñas con uniforme y un señor paseando su perro. Ninguno de ellos parecía ver que en el banco había una persona durmiendo. Realmente actuaban como si no existiera. Como yo misma antes que mi niña me abriera los ojos camino del cole.

Y pienso: cuando alguien no tiene casa, ni trabajo, ni seguridad social, ni familia, ni amigos, ni futuro ni nada que se le parezca, ¿no se parece bastante a un muerto?

Más: cuando alguien pasa al lado de una persona así y sigue pendiente de su perro o hablando con las vecinas como si tal cosa, sin mostrar ninguna señal de vida, sentimientos o sangre por las venas, ¿se puede decir que están vivos de verdad?

¿No seremos nosotros -los que vivimos en casas con techo y dormimos en sábanas limpias y desayunamos café calentito con cereales y tostadas- algo parecido a un zombie?

Si hubieras estado aquí...

¿Dónde estaba Dios?

Si Dios existiera...
Si un Dios bueno existiera...
Si un Dios que amara al hombre existiera...
¿Dónde estaba Dios
cuando un terremoto destrozó Haití?
¿Dónde estaba Dios
cuando el huracán Mitch arrasó Nicaragua?
¿Dónde estaba Dios cuando un tsunami inundó Indonesia?
¿Por qué no soluciona Dios el conflicto palestino?
¿Por qué permite Dios los atentados terroristas?
¿Por qué consiente Dios que sus hijos mueran de hambre?

Si Dios estuviera con el hombre, el hombre viviría protegido por Dios.

Si Dios estuviera con el hombre, el hombre no conocería el significado de palabras como violencia, tortura, violación, hambre, epidemia, accidente, inundación...

Si Dios estuviera por el hombre, no habría injusticia, paro, pobreza, soledad que amargara su vida.

Un Dios que amara al hombre no permitiría los incendios, las guerras, los robos; ni los engaños, las traiciones, los desamores.

Un Dios que amara al hombre no permitiría al hombre sufrir.

Un Dios que amara al hombre no permitiría al hombre morir...

Si Dios amara al hombre, no le dejaría ser libre, vivir libre, elegir y responder de sus actos. Si Dios amara al hombre eliminaría la ley de la gravedad, los movimientos sísmicos, los sentimientos, el corazón, la voluntad. Y se acabaría el odio en el mundo.

Está claro que esto tendría ciertos efectos secundarios; pero ¿a quién le pueden importar? Todo sería quietud: la Tierra, la lluvia, el mar, los montes.

Todo estaría inmóvil, impecable, como nuevo, un mundo entero a estrenar. Y todavía no habría historia. Nada que contar.

El hombre no sentiría: ni odio ni pasión, ni envidia ni amor. Nada.

El hombre no conocería el significado de palabras como paz, perdón, reconciliación, solidaridad, cooperación, caridad, ayuda, justicia, responsabilidad, oportunidad, resurrección…

El hombre no sería hombre. Y nadie dudaría ya de Dios.

Huele mal porque lleva cuatro días.

¿A qué huelen los muertos?

¡Qué alegría verte! –dijo, con esa mueca de medio lado que hacía pasar por una sonrisa cuando se la pillaba desprevenida.

Voy al centro. ¡Qué día más feo hace! ¿verdad? Y eso que en el telediario dijeron que saldría el sol; pero ya se sabe que en el telediario siempre nos engañan. ¡Tontos somos de no salir con paraguas cada vez que anuncian buen tiempo! En fin. ¿Y la crisis? ¿Te acuerdas del marido de Catalina?: pues lo han echado del trabajo. Y ya me dirás tú, a su edad, que a punto estaba ya para jubilar, quién lo va a contratar. Ahora, que culpa tienen ellos también, que siempre  han sido unos derrochadores. Dinero que tenían, dinero que gastaban. ¿No te has fijado nunca en los zapatos que llevaba Catalina al mercado? ¡Ni que fuera a un baile de salón! Con esos tacones tan altos, como las jovencitas... Igual lo hacía por eso, para aparentar menos. Que no es que yo quiera hablar, pero... ¿quién no se ha dado cuenta de cómo se le van los ojos a su marido detrás de crías? Yo he oído que lo trasladaron aquí porque en su empresa, cuando vivía en el pueblo, hubo un escándalo enorme, porque le pillaron en el cuarto de la limpieza con una de esas recepcionistas que contratan, recién salidas de la facultad; de las que están tan desesperadas por encontrar un trabajo que aceptan lo primero que se les ofrece, aunque sea por cuatro duros. Pues de una de esas se rumorea que se aprovechó. Y ya se sabe, que cuando el río suena... ¡Si es que todos los hombres son iguales! Mira si no al yerno de Jacinta, que ahora le ha dado por estudiar oposiciones, como si fuera un niño, con un bebé a las puertas que tiene. Para verano dicen que nacerá... A este paso, padre e hijo aprobarán juntos, te lo digo yo. Mujeriegos y vagos. Que sí, que con esta vergüenza tenemos que cargar las mujeres de hoy. ¿Por qué te crees que yo no me he casado? Ya lo decía mi madre: mejor sola que mal acompañada. ¡Ay! y luego vas a la compra y todo ha subido. ¡Nunca escucharás que algo haya bajado! Como si cuanto más cara fuera la fruta, más dulce estuviera... ¡eso quisiéramos! Una porquería. La semana pasada compré una malla de cuatro kilos de mandarinas y cuando la vacié en el frutero... ¡había una podrida! Te lo digo yo, que las venden en mallas para ocultar las podridas entre las buenas y que las compremos. ¡Malditos ladrones! Luego vas al médico y te dice que si tomas vitamina C. ¡Sí, vitamina C podrida del mercado! Ahora, que el médico tampoco es que sepa mucho. Porque cuando fui, estaba mala, pero malísima. Unos ahogos que tenía que casi ni podía respirar. ¿Tú sabes lo que me costó acercarme al ambulatorio? ¡Si creía que me moría!. Y ahí me tiene esperando casi un cuarto de hora para decirme que si tomo vitamina C. Menudo disgusto me dio. ¡No me hizo ni caso! ¡Como si yo me inventara las cosas! Menos mal que tengo de todo en casa y me tomé la pastilla esa que toma Paquita que le va tan bien; y mira, aquí me tienes. Ahora, que Paquita estará sana, pero por fuera parece una pasa. ¡Qué vieja! ¿Te has dado cuenta de lo mal que se conserva? pobrecita... Nada, que fue morirse su marido y como si le hubieran caído todos los años de golpe. Ahora la escuchas hablar y parece que era el amor de su vida. Pero antes bien que se quejaba de todo: que si mi Pepe vuelve siempre tarde del trabajo, que si mi Pepe no sabe cambiar el rollo del papel higiénico cuando se acaba, que mi Pepe ronca, que mi Pepe sólo atiende al fútbol, que mi Pepe nunca me regala nada... ¡Qué pena esa gente que sólo sabe hablar para criticar! ¿verdad?...

    Asiento con la cabeza. Mi vecina baja del autobús en la siguiente parada. Donde ella ha estado sentada queda un insoportable olor a podrido.

Tu hermano resucitará.

Rober quiere re-vivir

Rober se levantó de la cama. Y se dio cuenta que estaba muerto. Se imaginó su esquela en el periódico: "Rico empresario de 51 años, director de Cosas Varias, fundador de la ONG del siglo, fallece de parada cardiaca. El corazón, de usarlo tan poco, se olvidó de latir. Su esposa y sus hijos apenas notan la pérdida".

Rober se levantó de la cama, después de una noche sin sueños, para dejarse llevar por un día sin ilusiones, como hacía siempre. Con un único cambio: ahora sabía que estaba muerto. Y ser consciente de algo así provoca cierto malestar en el estómago difícil de describir.

Hasta ese momento se había estado conformando con aparentar estar vivo ante el mundo. Y socialmente había colado. No era una actuación complicada; bastaba con desenvolverse con soltura entre otros personajes: su esposa, dos hijos en edad escolar, los compañeros de trabajo, los que hacían de amigos... Y empieza la función: un ascenso, un viaje, los impuestos pagados, seguro médico privado, tarjetas de crédito, la suscripción anual al National Geographic... Hay que cuidar mucho todos estos detalles; no sea que alguien se dé cuenta de la ficción y descubra, antes de tiempo, que el protagonista estaba muerto.

Rober salió de la cama a escena. Pero aquella mañana el cuerpo le pedía mucho, muchísimo más. Se miró en el espejo del cuarto de baño. Y se vio blanco, casi transparente. Y así, como quien decide cortarse el pelo, aquella mañana sin saber por qué decidió vivir.

Decidió que ya no quería tener hijos: quería disfrutarlos, estar con ellos, enseñarles cosas, morirse a carcajadas con sus ocurrencias, alucinar con el brillo de sus ojos cuando se ilusionaban con algo, sorprenderles, abrazarles, quererles.

Ya no quería tener esposa: quería casarse con ella cada noche. Quería llevarle flores y bombones y todos esos tópicos típicos que sabía que le seguían gustando como el primer día. Quería dejar de dar las cosas por supuestas: y mirar lo guapa que era y decírselo; y mirar lo buena que era y decírselo.

No, ya no quería tener amigos: quería compartir cosas con ellos. Pasar de la política y la economía y quitarse la corbata y jugar de nuevo al fútbol, en el césped, pringándose de tierra, hierba y risas. O ir juntos al cine; o pedir una pizza y recordar viejas historias de la universidad... ¡o lo que fuera!

Rober quería vivir. Quería re-vivir, volver a las cosas de otra manera, con sangre en las venas, con calor, con color...Y decidir en qué quería emplear su tiempo libre. Que quizás lo mejor no fuese dormir y ver la tele, aunque eso es lo que hiciese todo el mundo a su alrededor. Que a lo mejor, por una de esas ironías de la vida, va y resultaba que descansaba más haciendo cosas.

Y decidió que quería aprenderse el nombre de la farmacéutica de abajo, la que llevaba atendiéndole los once años que vivía en aquel barrio. Y que a lo mejor le gustaba ver cómo era por dentro el colegio donde estaban creciendo sus niños. Y que quería probar a saludar amablemente a ese compañero de trabajo con el que coleccionaba incómodos silencios desde hacía siglos, aunque ya ni recordaba por qué: ¡a ver qué pasaba!

Rober se levantó aquella mañana, limpió los cristales de la habitación, dejó entrar la luz del nuevo día, respiró y murió a su muerte. La esquela fue más o menos así: "Rico empresario de 51 años, director de Cosas Varias, fundador de la ONG del siglo, decide quitarse la muerte en un ataque de autenticidad. El corazón, cansado de estar de adorno, se puso a latir. Su esposa e hijos celebran su resurrección".

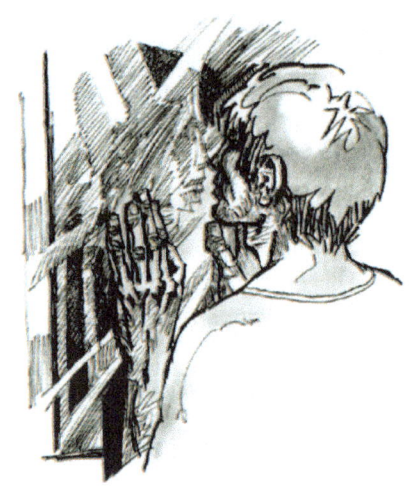

Lázaro, nuestro amigo, está dormido

Amigos de Dios

Abogado con bufete propio.
Director de Recursos Humanos.
Máster en gestión empresarial.
Doctor en nuevas tecnologías aplicadas a la educación.
Ministro de asuntos exteriores.
Miss Universo.
Princesa del pueblo.
Futbolista de primera división.
Ganador de la última edición del reality de moda.
Oscar al mejor actor revelación.
Hijo del jefe.
Primera Dama.
Protagonista del anuncio de Freixenet de este año.
Poseedor del billete del gordo de Navidad.
Inventor de la vacuna contra el cáncer.
Misionero. Sacerdote. Consagrado.
Padre. Madre. Niño.
Honrado. Trabajador. Generoso.
Virgen. Fiel. Íntegro.
Solidario. Voluntario. Comprometido.

Nada de esto vale nada, o todo vale porque nada importa demasiado.

El mejor título que puede llevar una persona en esta vida lo llevó Lázaro. Y Marta. Y María. Y lo puedes llevar tú, seas quien seas, seas como seas. Y no lo otorga ninguna Universidad, ninguna Administración Oficial, ningún Premio Nacional ni nadie de este mundo por muy importante que sea, sino Jesús mismo.

Lo mejor que se puede decir de una persona en esta vida, sin ninguna duda, es que es... "amigo de Dios".

El que cree en mí, no morirá para siempre

Vida del hombre, gloria de Dios

Esta es la vida del hombre. La vida nueva.
Cuando te sientas morir, recuérdalo.
Puede que tengas. Puede que no tengas. De todas maneras, da. Puede que te sientas solo o que te aburra tanta gente. No importa. La vida del hombre es ésta: "Parte tu pan con el hambriento, hospeda a los pobres sin techo, viste al desnudo y no te cierres a tu propia carne" (27).

Ésta es la gloria de Dios: la vida del hombre. La vida de la buena, la auténtica, la enriquecedora, la que da satisfacción, la que exige esfuerzo, la que no entiende de clases, ni de protocolos, ni de jerarquías, ni de exclusiones.

La gloria de Dios es la vida del hombre.
Y cuando el hombre viva,
cuando decida vivir como Dios,
vivir como lo hizo Dios en Cristo,
"entonces romperá tu luz como la aurora,
enseguida te brotará la carne sana" (28).
¿Y qué otra cosa es la resurrección?

¿Nadie te ha condenado?

Jn 8, 2-11

Al amanecer se presentó de nuevo en el templo, y todo el pueblo acudía a él, y, sentándose, les enseñaba. Los escribas y los fariseos le traen una mujer sorprendida en adulterio, y, colocándola en medio, le dijeron: **"Maestro, esta mujer ha sido sorprendida en flagrante adulterio, la ley de Moisés nos manda apedrear a las adúlteras; tú, ¿qué dices?"**. Le preguntaban esto para comprometerlo y poder acusarlo. Pero Jesús, inclinándose, escribía con el dedo en el suelo.

Como insistían en preguntarle, se incorporó y les dijo: **"El que esté sin pecado, que le tire la primera piedra"**. E inclinándose otra vez, siguió escribiendo. Ellos, al oírlo, se fueron escabullendo uno a uno, empezando por los más viejos. Y quedó solo Jesús, con la mujer en medio, que seguía allí delante. Jesús se incorporó y le preguntó: **"Mujer, ¿dónde están tus acusadores?; ¿ninguno te ha condenado?"**. Ella contestó: **"Ninguno, Señor"**.

Jesús dijo: **"Tampoco yo te condeno. Anda, y en adelante no peques más"**.

Ha sido sorprendida en flagrante adulterio

Adulterados

Sí señor. Yo soy cristiano. De los de toda la vida. Bautizado y comulgado. A Misa no voy mucho, porque no la entiendo y con el cura este nuevo, tan joven, como que no me motiva. Pero si usted viera las cosas que hacen los que los domingos llenan las Iglesias... Lo importante es ser buena persona y ayudar a los demás. ¡Eso es lo que dijo Jesús, nuestro Señor! Lo otro... bueno, todos sabemos que la Iglesia con el tiempo ha ido inventando mucho. Que no es por criticarla, que yo soy cristiano, de verdad. ¡Mire usted la de obras de caridad que hacen las monjitas! Cuando internamos a mi suegro en un asilo, oiga, lo cierto es que el de las hermanas tenía algo especial. Al final entró en otro privado: sí, es más caro y no tiene capellán, ¡pero tiene gimnasio! De todas maneras hay que reconocerles el mérito, que hacen mucho bien. Y con los pobres y los niños... Yo tengo un nene apadrinado en una ONG. Bueno, yo no: mi señora. Pero es lo mismo.

En mi familia siempre se ha creído en Dios. A mi José lo bautizamos al mes de nacer y a la nena, igual. Y los dos estudiaron en colegios de pago. Claro que los tiempos cambian y ninguno de los niños se ha casado ni han bautizado a mis nietos. Pero porque ahora se lleva menos y con la crisis uno se tiene que pensar dos veces el gasto que supone una boda o un bautizo, ya me entiende usted. Ellos son buenas personas, gente honrada, ¿y qué otra cosa es ser cristiano? ¡Estoy seguro que hasta rezan de vez en cuando! ¡Como yo! ¡Como todo el mundo! Que no hay que ser extremistas, que luego se acaba como los musulmanes esos que ponen bombas. La fe es para ayudarte a ser buena gente. Y ya le digo que yo soy cristiano. Sí. Y lo digo con la cabeza muy alta, que no me da vergüenza ninguna. Aunque tampoco hay que ir contando a cualquiera las intimidades de uno. Que a nadie le interesa si yo creo o no, si soy de derechas o de izquierdas.

En el fondo creo que todo el mundo es cristiano de alguna manera. Hasta los que dicen que no. Por ahí dentro tienen la cosa de la fe. Mire si no cuando pasa una desgracia ¿qué decimos todos? Pues eso: "Dios mío, ayúdame". ¿Me dirá usted que eso no es ser cristiano? ¿Quién se cree a estas alturas que Dios, que tanto nos quiere, nos vaya a condenar por no ir a Misa un domingo? Esas cosas son de la Edad Media. Ahora las personas tenemos más cultura. Ya no se convence a nadie con amenazas de infiernos. Mi señora, que sí va a la parroquia, a veces llora pensando en los niños. Y a mí me toca calmarla, que ya son mayores y bien educados y buenas personas y que Dios seguro que ve esas cosas. Yo la dejo que se desahogue y, al final, siempre nos dormimos con bastante paz, gracias a Dios...

Manolo se despierta, como cada día, con un vaso de leche desnatada, café descafeinado y edulcorante, con tostadas integrales: desayuno light del cristiano light del siglo XXI.

Adúltera

Escucho el Evangelio. Y algo se estremece en lo más profundo de mí. Tengo sentimientos enfrentados, porque entiendo el adulterio como una infidelidad y yo detesto la infidelidad, sobre todo cuando quien la sufre soy yo. Pero, en honor a la verdad, a la que amo tanto como aborrezco la mentira, hoy tengo que arrojar mi piedra al suelo como aquellos hombres de hace más de dos mil años. Porque tampoco yo estoy libre de este pecado.

Soy culpable.
Culpable de decir que quiero a Dios con toda el alma,
y luego no confiar en su Providencia.
Culpable de vivir nuestros encuentros
con frialdad y por compromiso.
Culpable de falta de comunicación sincera con Él,
un día y otro y otro.
Culpable porque todo me parece más urgente que Él,
que es el verdaderamente importante.
Culpable de vivir con más pasión
mis propias pasiones que su Voluntad.
Culpable de traicionarle siempre en los mismos pecados,
de no enfrentarlos con seriedad.
Culpable de haberme acostumbrado a su perdón
y no conmoverme ni agradecerlo como es debido.
Culpable de seguir mendigando amores,
siendo el objeto del amor del Amor mismo.
Culpable de estremecerme más
con mi música que con sus Palabras.
Culpable de quejarme de estar sola,
teniendo a Dios habitando en mi casa, en mí.
Culpable, en fin, de infidelidad, de flagrante adulterio.
De forma alegórica y literal.
Sin el típico "cariño, esto no es lo que parece".
Sorprendida en pleno acto por mí misma;

acusada y juzgada y apedreada por mí misma.
Y mientras Él, en silencio:
ni juzga, ni acusa, ni apedrea, ni condena. Calla.
Como mucho escribe algo que no consigo ver en el suelo.
Y esta noche dormiremos juntos, como si no pasara nada.
Y sentiré la ternura de su abrazo sincero...

¿En qué momento se descongelará este corazón mío?
¿Cuántas lágrimas más hacen falta
para ablandarlo lo suficiente, como para caer de rodillas
y besar los pies del Amor de mi vida?
Jesús mío, ten misericordia de mí...

El que esté sin pecado...

Pecados del siglo XXI

Ya es de noche. Los niños duermen. Puede comenzar el programa. ¡Aunque esto del horario infantil es ya algo de risa!
De jurado, la audiencia. Sus piedras llegan en forma de mensajes. En medio del escenario, el hombre de hoy. El objetivo del concurso: pillarle en algo imperdonable. El presentador pone en marcha el cronómetro y empiezan a pasar, a la vista de todos, hologramas tridimensionales de una vida cualquiera. La cámara oculta nos sorprende flagrantemente.
Los concursantes de hoy son personas (no haremos distinción de sexo para no ofender a nadie, no sea que nos apedreen a nosotros por no acatar la ideología imperante al respecto). Su apariencia es muy actual. Parecen europeos. Sus hologramas son muy claros. El ordenador central detecta la imagen, la analiza y nos la presenta:
- La primera persona tiene 41 años, media melena castaña, mide 1,68 cm y pesa 57 Kg. Trabaja de abogada a jornada completa. Tiene marido y un niño de 6 años. Es lista, trabajadora y muy atractiva. Se cuida mucho: va al gimnasio, asiste a cursos de reciclaje de inglés, está al día en cuestiones legales candentes... ¿Su pecado?: el agotamiento. Las relaciones con su marido hace tiempo que son pocas y breves. Del nene se perdió la primera palabra, el primer diente, el primer paso... y el otro día llamó "mamá" a su suegra, que es quien le recoge del cole cada tarde.
SENTENCIA POPULAR: INOCENTE. La vida es así. Y gracias a ella en la casa a nadie le falta de nada... o de casi nada.

- Segunda persona. Tiene 15 años. Le gusta la música, internet y hablar horas y horas. Su estilo es descuidado, bastante atrevido. Tiene el pelo largo, rubio artificial. Va al instituto y algunos ratos estudia. Fumadora habitual y bebedora ocasional. Está embarazada de dos semanas. Esta mañana ha pedido hora en un centro de "planificación familiar". ¿Su pecado?: querer seguir siendo niña. Luchar por su derecho a tener una vida normal. O al menos así lo define ella.
SENTENCIA POPULAR: INOCENTE. Ninguna persona con dos dedos de frente dejaría a una niña jugar a muñecos con niños de verdad.

- Tercera persona. Tiene 36 años. De apariencia muy elegante. Sonrisa seductora. Se nota que hace mucho deporte. Es notario. Tiene casa, coche y barco. Es amable en el trato, simpático con todo el mundo. Es vegetariano y le encanta leer. ¿Su pecado?: tener relaciones promiscuas con personas de su mismo sexo. En su tiempo libre es un gran activista de un movimiento gay del que está muy orgulloso; en eso sí se compromete. Pero cuando se trata de relaciones... Ama y haz lo que quieras... con cuantos quieras, siempre que quieras, sin más.
SENTENCIA POPULAR: INOCENTE. No sea que nos tachen de homófobos. Es buena gente y no hace mal a nadie.

- Cuarta persona. Tiene 27 años. Hizo una licenciatura en Filología Inglesa, pero actualmente está en el paro y sobrevive a base de clases particulares, como la mayoría de los de su promoción. Suele vestir vaqueros y camisa y lleva una pequeña cruz de madera al cuello. Los viernes por la tarde da clases de guitarra a los niños de su parroquia y, los sábados por la mañana, catequesis de Confirmación. Los más jóvenes lo ven como un modelo, porque les enseña cosas tan antiguas como nuevas, tan vivas como olvidadas. Su tiempo libre no es suyo: es todo de los demás. Va a Misa los domingos y reza en su cuarto todas las noches. ¿Su pecado?: la utopía. Pretender ser cristiano en pleno siglo XXI, sin vergüenza, a cara descubierta, incluso sonriendo.
SENTENCIA POPULAR: CULPABLE. Los mensajes se han disparado. Condenado por el 99% de los votos del público.

"Acechemos al justo, que nos resulta fastidioso: se opone a nuestro modo de actuar, nos reprocha las faltas contra la ley y nos reprende contra la educación recibida; presume de conocer a Dios y se llama a sí mismo hijo de Dios. Es un reproche contra nuestros criterios, su sola presencia nos resulta insoportable. Lleva una vida distinta de todos los demás y va por caminos diferentes. Nos considera moneda falsa y nos esquiva como a impuros. Proclama dichoso el destino de los justos, y presume de tener por padre a Dios" (29).
Linchamiento popular. Y nadie sale en su defensa (nadie se atreve). Acaba el programa. Se apagan las luces.
Los leones descansan con el estómago lleno. El circo cierra por hoy.

La primera piedra

¿Creo en el amor?

En alguna ocasión, las personas que me rodean me han oído decir que no creo en el amor. Y se han sorprendido. Entiendo que la afirmación, así, sin más explicación, puede no sólo sorprender sino incluso escandalizar. Por eso voy a matizarla un poquito.

No creo en el amor que nos vende Hollywood. Estoy absolutamente convencida de que el cine ha hecho muchísimo daño a las personas creando en ellas un imaginario colectivo de lo que debería ser el amor que realmente no existe. Es bastante más probable que me encuentre a Batman saltando por los tejados de las fincas que me rodean, que a Edward subiendo las escaleras de servicio de Vivian con un ramo de flores (31), para rescatarla de su vida en la calle y llevarla a vivir un amor idílico donde pasarán el día bebiendo champagne y comiendo fresas. Dudo seriamente que un Colin Firth se llegase a fijar jamás, en la vida real, en alguien como Bridget Jones (32). Queridos Hugh Grant y Julia Roberts: ¡cuánto daño ha hecho vuestro trabajo a la humanidad! La vida no funciona así. ¡La de lágrimas que se han derramado descubriendo que el príncipe azul, en realidad, es gris! Este tipo de películas deberían llevar un aviso al comienzo que dijera algo como "cualquier parecido con la realidad es pura coincidencia", o "las autoridades sanitarias advierten que el consumo de este tipo de films puede producir a la larga efectos secundarios que dañen su salud afectiva e incluso psicológica". Sería lo más honesto.

En cambio sí puedo decir que he visto y vivido cosas. Cuando una persona regala a otra una edición limitada agotada de un disco imposible, con una dedicatoria que dice "era importante que lo conservaras tú para que todavía tenga más valor", ¿cómo se llama a eso? Cuando alguien llora amargamente y tiene al lado a otro que le escucha con un silencio reverente, casi sagrado, ¿qué nombre le ponemos? Cuando al final del pasillo de un hospital encuentras unos ojos familiares y un abrazo fuerte que te sostiene en pie, ¿cómo se puede definir lo que hay ahí? Cuando puedes mostrarle a alguien tu lado más oscuro, tus pecados más vergonzosos, sin miedo porque sabes que nada va a cambiar que siga a tu lado, ¿no es eso amor? Cuando, después de una baja, vuelves al trabajo y una de tus niñas te espera en la puerta para agarrarse a tu cuello con una sonrisa infinita y te dice "te he echado mucho de menos", ¿no merece eso ser llevado a la gran pantalla?

Creo en el amor, ¡por supuesto! Pero en el amor real, del que he tenido experiencia tangible. Que se parece tanto al Amor de Dios como tan poco al amor romántico.

Es más: creo que el amor es el motor de la vida, que no se puede vivir sin él como no se puede vivir sin aire.

Creo en la amistad.
Creo en la fidelidad.
Creo en la honestidad.
Creo en la gratuidad.

No creo ser ni la mitad de buena de como me ve la gente que me quiere, pero sí creo que el amor que les lleva a verme así potencia mi valor, en los dos sentidos de la expresión. Creo que el amor cuesta, que el amor duele; y si no preguntadle a Aquel que me amó y se entregó por mí... a quien suplico, por su Gracia, que me ayude a romper mi frasco -como hizo aquella pecadora a sus pies (33)- y dejar salir el aroma del amor que guardo contenido; sabiendo que, como ella, seré criticada pero que sólo así será redimida y tendrá sentido mi vida.

¿Quién?

¿Quién nos separará del amor de Dios?

¿La aflicción? ¿La duda? ¿El miedo? ¿La tristeza?
¿Los problemas? ¿La desilusión? ¿La desesperanza?
¿Las traiciones? ¿Los fracasos? ¿Los chascos?
¿Las tormentas? ¿La deriva? ¿Las encrucijadas?
¿La depresión? ¿La angustia? ¿El duelo? ¿La enfermedad?
¿La ansiedad? ¿La soledad? ¿La incertidumbre?
¿Los peligros? ¿Los enemigos? ¿Las dificultades?
¿Los jefes? ¿Los curas? ¿El desamor? ¿La mentira?
¿Nuestras tentaciones? ¿Nuestros propios pecados?
¿Nuestro pánico a la conversión?

¿Qué nos separará del amor de Dios?
¿Quién se atreverá? ¿Quién podrá?
¿Quién silenciará estas tres notas, este acorde perfecto,
esta música que suena en lo más profundo del alma?:
DIOS ESTÁ SIEMPRE A...

Una de besos

En plena primavera o en cualquier otra estación. ¿Quién no se pide una ración, o dos, o tres? Claro está que hay besos y besos. Por sus frutos los conoceréis.

Está el beso cortés de caballero andante: se deposita en la mano de la dama sin apenas rozarla. No tengo ni idea de a qué sabrá un beso así, y tampoco me pica la curiosidad, la verdad.

Está el beso familiar, el que se da a padres, hermanos, sobrinitos, etc. Es tan original y divertido como lo sea la familia en concreto. A veces deriva en pedorretas en la tripita y suele hacer cosquillas. Su significado es diverso: puede querer decir "buenas noches", "te quiero", "no sé qué decirte pero estoy contigo" y otras mil cosas diferentes o similares.

Está el beso que da vida. El ejemplo más claro os lo podría contar la Bella Durmiente. Ese beso de amor verdadero que resucita cuerpo y alma y abre la puerta a una vida nueva en la mejor de las compañías. Quien ha sido regalado con un amor así sabe de qué hablo.

El beso de la paz es un poquito más caro. Cuesta tanto darlo como recibirlo. Duele y a veces hace llorar. Pero su poder terapéutico es digno de una tesis doctoral. Altamente recomendado para las úlceras, de estómago y de corazón, causadas por discusiones y malos entendidos del tipo que sean. Favorece el sueño, relaja los músculos y conviene tomarlo seguido de una buena cena amistosa.

De ciertos gestos extraños, cuanto menos impúdicos, que me recuerdan más a los documentales sobre canibalismo y que algunos se atreven a llamar besos no voy a hablar, porque siempre he pretendido escribir con claridad pero con decencia.

Hoy he recordado un beso diferente. Contradictorio. Desconcertante como hablar de ir a la guerra en misión de paz. Como querer alimentar a un hijo con piedras. Como creer en Dios y no rezar. Un beso que, pese a ser beso, no sabe a amor ni a nada parecido. Que mata al que lo recibe y sobre todo al que lo da. Que esconde infidelidad. Que pudre los labios. Que miente: pura farsa de gesto e intención: el beso de Judas. Y un escalofrío me ha puesto la carne de gallina, la respiración me ha salido ahogada, la mirada me ha caído al suelo y me he puesto a llorar... Quien diga "de éstos yo nunca he dado uno", que tire la primera piedra.

Anda, y en adelante no peques más

Carmen: no peques más

El griterío de la gente,
la desaprobación, el juicio humano...
La hipocresía en forma de piedras,
de insultos, de escupitajos.
Camino de la Cruz, Carmen y Jesús.
Y cae Jesús por vez primera.
Adulterio. Del tipo que sea. Carmen dijo "sí" e hizo no.
Fue pillada, juzgada y sentenciada.
Y la condena la cumple el Señor sin haber delito en Él.
Castigado sin juicio justo.
Carga Dios con el pecado ajeno:
el de Carmen, el tuyo, el mío.
"Carmen: no peques más..."
Y Carmen se levanta. Y con ella Jesús.

La gente sigue gritando, cada vez más fuerte.
Sus palabras son claramente groseras.
Sus burlas, casi diabólicas.
El peso de la cruz crece.
Y cae Jesús por vez segunda.
Egoísmo. Del tipo que sea. Carmen dijo "tú" pero hizo "yo".
Y nadie quiere perdonarla. Nadie, salvo el Señor.
A derecha e izquierda, gente cargando piedras.
Sus gritos, aullidos de lobo hambriento.
Y en medio del Vía Crucis ella, su pecado y Dios.
"Carmen: no peques más..."
Y Carmen se levanta. Y con ella Jesús.
Ambos agotados. Ambos destrozados.
Desollados por el pecado: el propio y el ajeno.

Mira el Señor compasivo a la gente del camino.
Y la cruz le va hundiendo de tanto peso asumido.

Cae Jesús por vez tercera.
Idolatría. Del tipo que sea. Dijo "Dios" y fue herejía.
Quiso vivir a lo grande:
¡como Dios! pero sin Dios.
Y ese Dios que fue aparcado
hoy carga con su pecado.
Carmen, ardor febril: pecado, caída, miseria.
Cristo, Amor sin fin: los clavos, la sangre, madera.

Muere Cristo en el Calvario.
Calla la Tierra dolida.
Lloran ángeles y santos.
Ya ha acabado la agonía.
El griterío ha cesado.
El juicio es piedra caída.
La muchedumbre ha marchado.
La luna gime a escondidas.
Y Carmen viste de fiesta.
¡Volvió la oveja perdida!
Su cuenta ya está saldada,
y la tuya y la mía.
A precio de Sangre ajena
llega el perdón y la Vida.
Jesús, los brazos abiertos:
Mentira y Muerte vencidas.
Con la Sangre del Costado
Carmen limpia sus heridas.
"Yo tampoco te condeno:
no peques más, niña mía".
Y en el banquete de bodas
la Mesa ya está servida.
La cuenta la pagó el Novio:
la novia fue redimida.

El viento se calmó

Marcos 4, 35-41

Aquel día, al atardecer, les dice Jesús: **"Vamos a la otra orilla"**.

Dejando a la gente, se lo llevaron en barca, como estaba; otras barcas lo acompañaban.

Se levantó una fuerte tempestad y las olas rompían contra la barca hasta casi llenarla de agua. Él estaba en popa, dormido sobre un cabezal. Lo despertaron diciéndole: **"Maestro, ¿no te importa que perezcamos?"** Se puso en pie, increpó al viento y dijo al mar: **"¡Silencio, enmudece!"**. El viento cesó y vino una gran calma.

Él les dijo: **"¿Por qué tenéis miedo? ¿Aún no tenéis fe?"**. Se llenaron de miedo y se decían unos a otros: **"¿Pero quién es éste? ¡Hasta el viento y el mar le obedecen!"**.

Se levantó una fuerte tempestad

Tormentas y diluvios

Siempre me han gustado las tormentas; sobre todo las tormentas por la noche, desde la camita. Sé que hay gente que se deprime los días de lluvia. A mí me pasa justo lo contrario: cuanto más llueve, más contenta estoy y parece que hasta el trabajo me cunde el doble. Es como si llevara encima una dosis extra de cafeína. Aún no me ha dado por cantar bajo la lluvia, aunque nunca se sabe.

Soy rara, ya lo sé. Pero todos reconoceréis conmigo que el agua en sí no es mala; cuando falta durante un tiempo largo, genera la misma reacción en nosotros que el hambre: ayuda a que los hombres miremos hacia arriba –si las tierras se secan, ¿qué nos alimentará?; porque no sólo de pan, pero... ¡también!-. Cuando llueve imagino a Dios regándome, a mí que soy su plantita, para que crezca fuerte y sana...

Miles de veces he escuchado decir, hablando de la vida espiritual, que las tormentas son buenas. Entiendo tormenta aquí como "montón de cosa oscura que te cae de repente, sin que tú puedas evitarlo; que sientes que te rodea por todas partes y que, de alguna, manera asusta (¡esos rayos, esos truenos!) y paraliza (me quedo en casa)". Ya sé que no es una definición muy ortodoxa... Hay quien lo diría con una sola palabra: crisis. Otros hablan de noche oscura o purificación pasiva del sentido (34).

Una tormenta se hace gota a gota: es como una acumulación de pequeñas situaciones que te empiezan a desbordar... A mi ordenador le ha entrado un virus, me he disgustado con mi mejor amiga, no dejo de estornudar y sonarme, llevo una semana durmiendo mal, el trabajo se me sale por las orejas, apenas llego a fin de mes, mis pecados hoy son los mismos que ayer y que la semana anterior; y cuando quiero dedicarle un ratito a Dios en la oración o sólo me salen quejas o directamente me duermo. Todas estas gotas juntas y algunas más, para mí son una tormenta.

Pienso: "un día malo lo tiene cualquiera"; y tiro para adelante, echándole más o menos humor. Las tormentas, al igual que el hambre, pueden ser de Dios; pueden –deben- acercarnos más a Él; tendrían que hacernos más conscientes de que, por más que nos empeñemos, si el Señor no construye la casa...

Omnia in bonum! ¡Todo es para bien! Dice una buena amiga mía, Teresa de Jesús, que Dios es el gran experto en sacar de los males bienes (35). Las tormentas deberían al menos hacernos crecer en confianza. Recuerdo que alguien me contó una vez una historia de tormenta en el mar: el barco a punto de naufragar y un niño que sigue tan tranquilo, que ni se inmuta. Cuando le preguntan responde que no pasa nada, que está todo controlado, que su papá es el capitán. Si Dios está con nosotros, ¿qué mal -mal verdadero- nos puede pasar? Aunque duerma en un rincón de la barca, sabemos que con Él a bordo nada nos hará naufragar.

El problema viene cuando a un día de tormenta le sigue otro y otro y otro más. Y no deja de llover en una semana, en un mes, en un año... La tormenta se convierte así en diluvio y en vez de fecundar la tierra arrasa con todo. Las tormentas pueden ser de Dios, pero los diluvios ya no.

Yo tengo un Padre, un Padre Fuerte y Bueno, que un buen día colgó su arco en el cielo y prometió que jamás permitiría de nuevo que ningún diluvio acabase con la vida de sus hijos (36).

Se llenaron de miedo

¿De qué tienes miedo?

Hay un mal del que, en mayor o menor medida, sufrimos todos; aunque con la edad solemos ocultarlo. Es difícil que una persona adulta se pare, piense, descubra, acepte y confiese que tiene miedo. Y eso que nadie se escapa de él. Hasta el famoso Juan Sinmiedo logró experimentarlo.

Tenemos miedos de distintos tipos:

- Miedos a cosas: cementerios, casas abandonadas, habitaciones oscuras, pistolas, cuchillos, fuego, aviones...

- Miedos a seres vivos: arañas, ratones, cucarachas, perros, lobos, murciélagos, saltamontes, cuervos, serpientes...

- Miedos sociales: a hacer el ridículo, a decir algo inapropiado, a contar un chiste y que nadie se ría, a hablar en público, a suspender un examen, a tartamudear, a ponernos rojos, a sudar, a que descubran que eres inculto en algún tema... Más aún: miedo a las bodas, a las comidas de empresa, a las entrevistas de trabajo, a los funerales...

- Miedos estúpidos, o sea, complejos: a estar demasiado gordo, a estar demasiado delgado, a tener mucho o poco pecho, a ser más o menos bajito, a la celulitis, a las canas, a la calvicie...

- Miedos futuros: a repetir errores del pasado, a envejecer, a la enfermedad, al dolor, a la soledad, a la hipoteca, al compromiso, al paro, al fracaso, a decepcionar, a perder seres queridos, a un cambio de vivienda... A la muerte, que es lo único que llegará seguro.

- Miedos espirituales: al pecado enquistado, a la debilidad, a la tentación, a la falta de fe, a no sentir, a ponerse delante de Dios, a dejarse mirar por Él...

Sobre todo, pienso que el miedo más común es a no ser felices. A levantarse una mañana y darse cuenta que el día que despierta será como el de ayer, insulso, carente de alegrías, estresante, desmotivador.

Miedo a que el corazón viva anestesiado, a no sentir amor, a la ausencia de relaciones gratificantes, al exceso de actividades urgentes no-importantes que nos comen las horas. A que llegue la noche y, desde la cama, uno se pregunte para qué ha servido tanto cansancio.

Lo peor del miedo es su efecto paralizante. Impide pensar con claridad, reaccionar, buscar soluciones, ver el lado positivo, adelantar, superarse. ¿En cuántas cosas es posible que me haya quedado estancada por puro miedo?

Un amigo mío me escribió una vez: "Tener miedo no es malo, al contrario: es bueno, te mantiene alerta, despierto... El problema es que dejes que el miedo se haga tu dueño. Ese es el único miedo al que hay que tenerle miedo. Hay que conocer al miedo, hablarle de tú a tú, hacerle frente, escucharlo y valorarlo en su justa medida, pero jamás dejarle que tome decisiones por ti. El miedo que da la oscuridad se disipa cuando enciendes una luz. Dios es esa luz en nuestra vida, siempre encendida, siempre alerta, siempre presente".

Si la luz de la fe se apaga, si la esperanza en Dios se olvida, si el amor que el Señor nos tiene pese a nuestros miedos se pone en duda, ahí es cuando empieza el verdadero miedo a la vida.

Y ahora recuerdo algo que le leí a Jean Lafrance cuando yo era joven y que me hizo pensar bastante: "Acepta tener miedo de lo que te da miedo, es decir, del endurecimiento de tu corazón ante la ternura de Dios" (37).

Valiente

Recuerdo que, cuando murió el Papa San Juan Pablo II, en un periódico (no sabría decir cuál) se publicó una esquela que decía: "Juan Pablo II: jamás tendremos miedo. Tú nos lo quitaste". Me conmovió tanto que la recorté, la tengo guardada y todavía me emociono cuando la veo. Este mensaje sobre el miedo no es original suyo, aunque es cierto que se lo escuchamos siempre, desde el primer día de su pontificado, con una fuerza inusual que nos inspiró a muchos. Pero en cada Pascua también el Señor en el Evangelio nos dice sin descanso: "No tengáis miedo".

Yo soy muy cobarde. Me da miedo principalmente cualquier cosa que no pueda controlar, lo que no depende de mí. Me da miedo, pues, no ser amada: porque el amor es un don gratuito, no puedo adquirirlo de ninguna manera. Me da miedo el futuro porque no puedo predecirlo y, cuando llega, nunca se parece en nada a lo que imaginé. Me da miedo poder herir a la gente que me rodea: no sé nunca cómo van a reaccionar ante las cosas que hago o digo. Me dan miedo las pérdidas: de personas, de empleos, de estabilidades, incluso de la propia Fe. Y el Señor no para de repetirme que no tenga miedo. Y a veces me enfada un poco no saber cómo hacerlo.

Me pregunto, pues, qué es ser valiente. Y me viene a la cabeza Teresa de Jesús, en una carreta de la época, recorriéndose España fundando palomarcicos. O una Teresa diferente, la de Calcuta, besando pobres leprosos. Imagino a Francisco Javier llegando a Japón sin saber japonés y al de Asís predicándole el Evangelio al propio Papa Inocencio III. Me viene a la cabeza el valor de Juana de Arco y el de Tomás Moro; y el de miles y miles de santos de nuestra Iglesia que se atrevieron a superar sus propios miedos, volcándose en la confianza absoluta en Dios.

No. No quiero ser una persona cobarde. No pienso permitirme la comodidad de serlo llamándome cristiana, después de haber visto -Pascua tras Pascua- la valentía de Cristo y su victoria sobre todos los miedos humanos; y la de quienes, a lo largo de la historia, han vivido siguiéndole por encima de problemas, persecuciones, limitaciones, tentaciones y sufrimientos varios. Por eso hoy yo le pido al Buen Dios que me dé su fuerza para seguirle con la confianza de los valientes.

Increpó al viento y al mar

Un Dios que se duerme

    Se me ha dormido Dios.
Creo que hace ya mucho tiempo.
Para mí que ha sido de puro aburrimiento.
Estaría agotado de tanto esperar a que le deje hacer;
a que yo le diera paso, le abriera mi puerta,
le cediera turno. Sin poder mover ficha sin mí.
    Pero es que he estado bastante ocupado últimamente. Al menos los últimos 25 años.
    Entre los estudios, los amigos, los amores, el trabajo, el matrimonio, el piso, el coche, más trabajo, los niños, los préstamos, las crisis, las discusiones, más trabajo, la muerte de mi padre, la enfermedad de la suegra, mi separación, mi divorcio, la casa nueva, más trabajo, mi novia y sus hijos, los amigos, la bebida y alguna que otra cosa más, apenas he tenido un segundo para acordarme que tenía a Dios en "llamada en espera".
    Y claro, se me ha dormido.

    ¡En el fondo es culpa suya!
¡Podría haberme insistido un poco más!
¡Qué manía con la dichosa libertad!
Y ahora ha pasado tanto tiempo que me da miedo hablarle;
no se vaya a molestar si le despierto...
Tampoco recuerdo bien ya su nombre. ¿Cómo le llamo?:
¿Tú, al que "hasta el viento y el mar obedecen"?
Hasta el viento y el mar, sí... ¡y a mí se me ha dormido!

El viento cesó y vino una gran calma

Un rumor en la brisa

Desde joven, Pedro siempre tuvo la extraña certeza de que un día, uno cualquiera, Dios se haría evidente en su vida. No tendría que buscarlo él, como no le buscó Moisés ni Pablo ni Natanael ni Agustín de Hipona ni André Frossart. Porque en su soberbia de hombre joven, siempre se había creído al menos tan bueno –o tan malo- como cualquiera de ellos. Sería Dios quien viniera a él, estaba seguro.

Pedro presentía que un día, uno cualquiera, Dios se haría evidente en su vida. Que entraría por la puerta grande, invadiéndolo todo con su grandeza, impidiéndole atender a nada que no fuera su cegadora luz.

Sí: sus padres le hicieron ver de niño todas esas películas que pasan por la tele en Semana Santa. Y algo se le quedó de ellas; y sin zarzas ardiendo, mares abiertos en dos, mártires en un circo romano, Pablos tirados del caballo, Judas ahorcándose desesperados... sin todo ese bombo y platillo, ya no concebía a Dios.

Y resulta que todo sucedió de una manera mucho más sencilla. Sin truenos ni relámpagos. Sin tormentas ni diluvios. Como la leve brisa que entraba por el balcón, abierto por el calor de la primavera. Cogió un libro, uno cualquiera, éste mismo; y empezó a leer. Y el muro entre Dios y él cayó, sin hacer ningún ruido, sin que se diera apenas cuenta.

Ya han pasado varios meses y Dios todavía no le ha hecho llorar. Es cierto que la vida es más ordenada ahora y, sobre todo, que duerme más tranquilo y no le cuesta tanto sonreír. Por lo demás, me cuenta que no siente nada especial: no hay presencias singulares, voces evidentes, acontecimientos espectaculares. Las películas, películas son. La vida de la fe tiene poquito que ver con Hollywood, gracias a Dios. Mi amigo Pedro sigue sufriendo como todo el mundo, sigue pensando que el Señor se duerme en su barca cuando más lo necesita, es más consciente de lo poco que puede cuando se empeña en funcionar a solas, por cuenta propia. También confía más, se relaciona más, comparte más. Sí, ahora puede vivir las cosas –mejores y peores- con una calma agradable que antes no conocía. A veces tropieza; muchas se cae, todas se levanta. Y entre Dios y él existe una relación refrescante, sencilla, como la brisa.

Un Dios que no duerme

Mi Dios no duerme. Esta noche no.
Le ha desvelado una pena.
Y no hay brisa que le meza ni Padre que le consuele.
Mi Jesús, soñando cielos,
ha despertado en un huerto (38).
Y no hay luz que le sosiegue.
Hoy no hay nanas para el Hijo. Esta noche no.
Le ha desvelado una historia. Parecida a la mía. Y a la tuya.
En la barca esta noche nos dormimos tú y yo.
Mi Dios no puede. El miedo le desveló.
La tempestad no se calma. Empapa la tierra el sudor.
Sólo un ángel le acompaña...
Mi Dios no duerme. ¿Quién le acunará?
No hay descanso en su pesadilla.
No hay alivio en la amistad.
Llueven lágrimas desde este Cielo encarnado,
hecho Hombre, hecho pecado.
En esta barca inundada,
entre estas olas que ahogan,
en un navío en peligro,
en un huerto de olivos, silencioso,
esta noche, la noche de las noches,
mi Dios no duerme.

La casa de mi Padre

Juan 2, 13 - 22

Se acercaba la Pascua de los judíos y Jesús subió a Jerusalén.

Y encontró en el Templo a los vendedores de bueyes, ovejas y palomas, y a los cambistas sentados; y, haciendo un azote de cordeles, los echó a todos del templo, ovejas y bueyes; y a los cambistas les esparció las monedas y les volcó las mesas; y a los que vendían palomas les dijo: «Quitad esto de aquí: no convirtáis en un mercado la Casa de mi Padre». Sus discípulos se acordaron de que está escrito: "El celo de tu Casa me devora".

Entonces intervinieron los judíos y le preguntaron: **«Qué signos nos muestras para obrar así?»** Jesús contestó: **«Destruid este templo, y en tres días lo levantaré»**. Los judíos replicaron: **«Cuarenta y seis años ha costado construir este templo, ¿y tú lo vas a levantar en tres días?»**. Pero él hablaba del templo de su cuerpo. Y cuando resucitó de entre los muertos, los discípulos se acordaron de lo que había dicho, y creyeron a la Escritura y a la Palabra que había dicho Jesús.

No convirtáis en un mercado la Casa de mi Padre

Rosita

Así se llamaba. No podía ser de otra manera.
Su padre, enternecido, se acercó a la cunita y la vio,
¡tan bonita!, Rosita... Rosita...
Él le dio su primer beso.
Mientras dormía segura entre sus brazos.
Fue un beso devoto, cargado de asombro,
de entusiasmo, de promesas...

Rosita lucía abriguito y primeros pasos en el parque.
No había invierno capaz de apagar su luz.
Donde Rosita jugaba siempre era primavera.
Jugaba sola con su osito. Y jugaba con otros niños.
Jugaba en la guardería.
Y siguió jugando en la escuela.
Rosita, la de las trenzas caoba,
sonrisa contagiosa, ojos sinceros.
La más bonita: Rosita...

Se lo robó sin que ella se diera cuenta. Como un trofeo.
Fue fugaz, pero le dejó un claro sabor a vergüenza.
Se llamaba Pedrito y tenía doce años.
Él quiso ser el primero que besara una flor...
aunque llegó el segundo.

El tercero lo buscó ella. Le ardía el corazón a su lado.
Sintió despertar su piel como pétalos bajo el viento.
Y el mundo entero se tiñó de rosa.
Juanito besó a Rosita hasta que llegó Margarita.
Creo que fue entonces cuando apareció la primera espina...

Rosita jugaba. Jugaba sola en su cuarto.
Jugaba con niños y no tan niños.

Jugaba a imaginar que era querida.
Jugaba a papás y mamás, a médicos y enfermeras
y a otras cosas prohibidas.
Dejaba esnifar su aroma, probar su tacto,
admirar su belleza, morder su boca de fresa,
a cambio de besos falsos, abrazos vacíos, pura morralla.
Y el Templo se hizo mercado...

Rosita, la de melena caoba,
sonrisa forzada, mirada esquiva.
Flor, de tan tocada marchita.
Llena de espinas.
Cueva de bandidos.
Altar profanado.
¿La más bonita?
¡¡¡La más bonita!!!
¡La anhelada! ¡La trasplantada!
¡La restaurada! ¡La siempre amada!
Al beso del Padre eterno renació,
¡la más bonita!: Rosita...

Mi casa es casa de oración

¿Dónde vive Dios?

- Abuelito, ¿puedo preguntarte una cosa?
- Claro, Lucas.
- ¿Pero no te enfadarás?
- ¿Por qué iba a enfadarme?
- No sé, papá se enfadó...
- Lucas, ven aquí, siéntate en mi rodilla. Dime...
- Abuelito, ¿tú sabes dónde vive Dios?

Marcelino pensó en el Cielo. Pero sabía que Lucas no lo entendería bien. El niño estaba acostumbrado a jugar con naves galácticas y guardianes espaciales.

Pensó en decirle que en la Iglesia. Pero no supo cómo hacerlo para que Lucas no pensara que, cuando no estaba en la catequesis de la parroquia, Dios no estaba con él.

Quiso decirle que donde la gente se quiere. Pero Marcelino sabía que Lucas quería a sus papás más que a nadie en el mundo. Y sus papás le decían que no había Dios.

Al abuelo le hacía gracia este nieto, tan chiquito y tan despierto, haciendo esas preguntas tan serio y con un corazón tan grande. Despacio pero con mucha solemnidad, como dándose importancia, sacó de la pitillera del bolsillo un cigarro a mitad fumar. Y lo sostuvo entre sus dedos apagado, mientras Lucas lo miraba todo con mucha atención. Entonces dijo:

- Tú no te acuerdas, porque eras muy pequeño; pero el día que llegaste a casa, todos te esperábamos muy contentos. Estuviste mucho tiempo con los ojitos cerrados. Y yo ya sabía que ibas a ser un niño muy bueno. Porque cuando cerramos los ojos guardamos en la memoria la imagen de lo último que hemos visto. Y tú venías del Cielo, de estar con Dios y sus ángeles.

- Yo ya no me acuerdo de nada de cuando nací...

- Ya, bueno. Porque ha pasado mucho tiempo. Y porque nosotros queríamos que vieras todas las cosas bonitas que hay en este mundo. Y abriste los ojitos. Y has visto ya tanto que no te acuerdas de lo primero.

- ¿Tú tampoco te acuerdas, abuelito?

- Cuantos más años cumplo, mejor me voy acordando...

El abuelo Marcelino encendió el medio pitillo, dio una calada breve y miró a lo lejos. El niño contemplaba a su abuelo con admiración.

- También le pasa a la gente que cuando se ponen a sus cosas se olvidan de todo y piensan sólo en lo suyo. Tú, por ejemplo, cuando estás haciendo dibujos y juegas con otros niños y estás entretenido, seguramente no sabes que yo pienso en ti y te quiero todo el rato... Así, a los mayores se les olvida que Dios es Papá y les cuida sin perderles ojo en cada momento.

- Yo muchas veces también pienso en ti, abuelito. Pero entonces, ¿Dios piensa en mí a cada instante?

- Por supuesto. Dios cuida de todo: de los pajaritos en el nido cuando su mamá va a buscarles la comida y de la hierba que crece sin ruido cuando estamos durmiendo. ¡Mucho más cuida de ti, que eres muchísimo más importante! Y además de cuidar de todo, también le gusta jugar y es tan divertido que se entretiene en dar forma a las nubes para que los niños jueguen un rato con El.

- ¿De veras que es así?

- ¡Uy! y hace muchas cosas más. Está todo el día bien ocupado en hacerte feliz. Y no sólo a ti sino a todos los hombres del mundo entero. ¿Y tú sabes cuanta gente hay en el mundo entero? Pues a cada uno Dios lo conoce y lo llama por su nombre. ¡Y nunca se equivoca ni se lía!

- A mí me pasa alguna vez que me sube para arriba una alegría de dentro y me entusiasmo con lo chulo que es todo. Pero, abuelito... aun no me has dicho donde tiene Dios su casa.

- ¡Es que no tiene!

- Ah, ¿no?

- No, Lucas. Porque quiere tener su casa en todas las casas. ¿A ti no te gusta ir a ver a la abuelita, o a casa de tu amigo Gustavo el del patinete? ¿No fuisteis la semana pasada a ver a la tía Pilar? ¿Verdad que te gustan los días en el pueblo con los primos? Y cuando alguien va a casa de otros le ofrecen de merendar lo más rico y ahí ve el cariño que le tienen. ¡Y Dios quiere que le quieran! Por eso se apunta a la mesa en todas las casas.

- Pero ¿y si alguien no tiene casa? Porque los pobres no tienen casa. ¿Cómo irá Dios hasta ellos?

- ¡Ah, con los pobres es distinto! Con ellos está siempre. Si tú te fijas, veras que los pobres quieren y sienten más a Dios. De hecho son sus mejores amigos. ¿Cómo te lo explicaría?: los papas están sobre todo con los peques que más les necesitan. Y si uno está malito, le miman y le dan besitos y esas cosas. Pues lo mismo Dios: el que más lo necesita es más su preferido y le da más su atención.

- ¿Y por qué, si está en todas partes, no lo vemos?

Marcelino le miró a los ojos. Lucas supo que ésta era una lección muy importante. El abuelo lo estrechó más fuerte con sus brazos enormes y cuando lo tuvo bien cerquita le dijo:

- Junta las manitas, Lucas. Cierra ahora los ojos (sí, como aquel primer día, cuando llegaste a nosotros del Cielo). Escuchas ahora mi voz y me ves con los ojos del corazón, ¿verdad? Pues bien, ahora yo me callo; y si estás un poquito más atento, en tu corazón verás que te habla Dios. No lo dudes. Así nos lo prometió, Lucas: "Yo estaré con vosotros todos los días"... (39).

Él hablaba del Santuario de su cuerpo.

Como sagrarios

Este es mi Cuerpo.

El bebé que llora con el agua del Bautismo.
La enfermera que reza por el paciente solo.
El adolescente que se lleva a los chavales de acampada.
La mujer que llora sus pecados arrodillada en el confesionario.
El joven que respeta a su novia por amor.
El hombre que decide no trabajar en domingo.
Un grupo clandestino que reza a escondidas en China.
La abuelita que dirige el rosario en la parroquia.
El marido que regala flores a su esposa, 30 años después.
La señora que lee en Misa los domingos.
La mujer que, sin que nadie se entere,
limpia y plancha los manteles y purificadores.
El niño que está aprendiendo el Padrenuestro en la Catequesis.
El joven que pasa su verano haciendo el Camino de Santiago.
La religiosa que enciende una vela en la noche.
La mujer que, los sábados, visita a su suegra en el asilo.
El desconocido que lee tu petición en twitter y reza por ella.
La vecina que recoge a tus hijos del colegio hasta que llegas del trabajo.
El Sacerdote que te perdona los pecados.
La mujer que ofrece los efectos secundarios de la quimio
por la conversión de sus hijos.
El amigo que te corrige, aunque te duela, porque te quiere.
El universitario que va a Misa tempranito, antes de la facultad.
Las muchachas que ayudan a las madres solteras de las Casas Cuna.
El familiar que reza una novena por tu salud o tu trabajo...
El matrimonio que lucha por los valores de los pequeños
en la AMPA de un colegio.
El enfermo que recibe, en el hospital, su definitiva extrema Unción.
El informático que alerta de las injusticias sociales
desde una plataforma cristiana online.

El grupito de jubilados que, en las noches de Adoración Nocturna, siguen rogando por la tierra que Jesús soñó.
Los centenares de monjas de clausura.
Los voluntarios de Cáritas, de todas las edades y condición.
Las miles de mamás que rezan cada noche, junto a sus niños, el "Jesusito de mi vida".
La persona que escribe para ti estas líneas.

Este es mi Cuerpo.
Donde está cada uno de ellos, allí estoy Yo.
La calle es mi Templo.
Los cristianos, Sagrarios.
Sus vidas, adoración en espíritu y verdad.

El estado de los cuerpos

Fue un trágico accidente el de aquel día.
Sin ninguna duda. Aunque ya nadie lo recuerde. Aunque haya caducado el morbo. Aunque ya no sea noticia. Yo lo sigo recordando muy bien...

Barajas, 20 de agosto de 2008. Me quedé sin palabras, porque podría haber sido yo quien volaba dentro. O tú. O la persona a la que más quieres en el mundo. Cualquiera. Yo volvía ese día de Nicaragua, nuestro avión tardó más de 2 horas en despegar porque había un fallo técnico y necesitaba reparación; incluso en un momento se llegó a hablar de cancelar el vuelo. Finalmente despegamos y llegamos a Miami sin más problema que esas dos horas de retraso que nos hicieron perder el siguiente avión. Pero no puedo evitar pensar... ¡¡¡podríamos haber sido nosotros!!!

Yo veía las noticias, que se repetían una y mil veces a falta de datos nuevos. Y me chirriaban los oídos cada vez que soltaban la expresión "el estado de los cuerpos". No sólo por la descripción que le sigue: calcinados, irreconocibles, hasta el punto de buscar restos de ADN para poder identificarlos. Me chirriaban sobre todo porque nadie se estaba planteando el estado de las almas. Como si lo que viajara en ese avión fueran trozos de carne sin más.

¿En qué condición interior estaba, por ejemplo, la persona que ocupaba el asiento 23A? ¿Era feliz? ¿Qué virtudes la adornaban? ¿Qué pecados se le habían enquistado? ¿Cómo era su relación con Dios? ¿Cuáles eran sus sueños? ¿De quién se fiaba? ¿Quién era su gran amor? ¿A qué tenía más miedo? ¿Qué criterios regían sus decisiones? ¿Cuál era el sentido de su vida? ¡¿Por qué nadie comentó nada de esto en las noticias?!

Y me da rabia, porque me hago estas preguntas ahora que ya no están entre nosotros. Así de inconscientes somos. Si el avión hubiese despegado sin problema, tal vez esta noche seguirían durmiendo en sus casas o estarían en un hotel de vacaciones; y hoy tendrían planes de playa o de reencuentro con seres queridos. Y entonces, todas esas preguntas, ¿no serían igualmente importantes?

Nuestros cuerpos, más o menos bonitos, más o menos morenitos, más o menos bien vestidos... ¿lo son todo? ¿De verdad hace falta que se parta en dos un avión para que nos planteemos, aunque sea por una sola vez en la vida, cuál es el estado de nuestras almas?

Las bondades del buen Dios

Si Dios no fuera bueno, las golondrinas en verano no cruzarían las fronteras sin necesidad de pasar las aduanas.

Si Dios no fuera bueno, las aguas amargas de los mares no se evaporarían para bajar después del cielo dulces, regando las tierras y los campos.

Si Dios no fuera bueno, no habría creado las estrellas con dibujos en lo alto para que los niños jugaran removiendo con arte la imaginación y viendo las mil posibilidades que tienen todas las cosas; los niños no soñarían con ser astronautas ni las niñas reirían pensando que hay un columpio para ellas bajo la blancura de la luna. Si no fuera bueno, se habría conformado con las luces del firmamento. Pero quiso ir más allá e inventó las medusas y otras estrellas bajo el mar.

Si Dios no fuera bueno, las piedras serian piedras. Pero las creó brillantes y llenas de propiedades; y así se llamaron cuarzo, crisólito, topacio, mármol, esmeralda, lapislázuli… E hizo con igual primor bellezas en el ámbar; y en las aguas la perla y el coral.

Si Dios no fuera bueno, habría hecho al fuego quemante y nada más; pero lo hizo ardoroso y hogareño para juntar en tertulia a los amigos caminantes; bailarín e inquieto y también nostálgico e inspirador de confianzas, de confidencias… y de cuentos.

Si Dios no fuera bueno, no habría buscado la amistad de los hombres, pues ninguna falta le hacía. El hombre sería un mono solitario, incapaz de alzar sus manos al Cielo. Si no fuera bueno, no habría inventado la familia, el amor de los cónyuges, la leche materna, el bizcocho de la abuela, las bicicletas para el verano, la mesa camilla, el abrazo fraterno. Pero le gustó tanto la idea –porque es muy Bueno- que quiso probarla en persona, y tener una casa, un papá y una mamá con unas manos siempre dispuestas a acogerle, a besarle y a lanzarle a volar.

Amo al Señor porque es Bueno.
Bendigo al Señor en sus obras.
Bendito el Señor de la Vida.
Alabado por siempre quien tanto me amó. Amén.

No convirtáis en un mercado la Casa de mi Padre

La Iglesia de los peros

Vivo en un país con una iglesia vieja,
llena de cristianos de nombre, sin ilusión, sin ganas.
Ni sienten ni padecen y tampoco les importa.
Su pose son los brazos cruzados.
Sus principales pecados, los de omisión.
Las palabras bonitas, de tan vacías de obras
se les hielan en los labios.
Una iglesia de peros, de excusas.
Una iglesia cobarde, que no se moja, que es infiel.

En mi iglesia los cristianos no oran.
Los agobios de la vida no les dejan tiempo para vivir.
Lo importante es desatendido en nombre de lo urgente.
El Evangelio coge polvo en las estanterías.
La misión preocupa a cuatro gatos.
El derecho a la vida a tres.
Las almas que mueren sin la Gracia a dos.

En mi iglesia los cristianos no confiesan sus pecados.
Ni Cielo ni Infierno mueven a nada.
Y la caridad se reduce a ONGs.

En mi iglesia los cristianos
encuentran tiempo para ver la tele,
para leer, para ir al gimnasio o salir a correr por la calle,
para defender los derechos de los animales,
para ir de compras, para quejarse
y para hablar: hablar mucho de todo y de nada.
Pero no encuentran tiempo para adorar a Dios,
ni para anunciar su Evangelio.
No encuentran tiempo para dejarse ver,
para ser testimonio visible de su fe.

Es la iglesia de los peros.
La de los que no están donde deben pero son buena gente.
La de los que callan la Palabra pero ni roban ni matan.
La de los que temen la crítica y la burla
pero tienen sus valores.
La de los que se justifican con las cien mil excusas posibles.

Una iglesia que me causa pena, vergüenza, dolor.
Una iglesia que, en su silencio,
se hace cómplice de esta sociedad injusta en que vivimos.
Una iglesia que siente a Dios lejos, porque está lejos de Dios.
Una iglesia tan vacía
que tiene las iglesias cada vez más vacías.
Una iglesia que, de hecho, extraoficialmente, se ha rendido.
Una iglesia que no vive la comunión,
que es mera agrupación eventual de soledades.
Una iglesia que, por no servir, no sirve para nada.
Una iglesia que no merece
la mayúscula de la Iglesia de Cristo.
Una iglesia en la que yo cada día me siento más extraña.
Una iglesia que hoy quiero poner ante Dios,
rogándole misericordia.

Credo

Creo en Dios.
Creo que Él es el Señor.
Creo que sabe mejor que nadie el porqué de las cosas
y cómo dar sentido a todos nuestros sinsentidos.
Creo que Dios habita en los Sagrarios.
Creo en su compañía silenciosa desde allí.
Creo que Dios se encuentra con nosotros
en los Sacramentos.
Creo en el Dios de la Eucaristía y del Perdón.
Creo en el Pan Vivo que me alimenta,
venga de las manos de quien venga,
consagre la persona que consagre,
pues consagra siempre Cristo.
Creo en el Dios Amor
que habita donde hay amor.
Creo en el amor conyugal, imagen de la Trinidad.
Creo en el Dios de las mediaciones,
que se sirve de quien nos rodea
para enseñarnos qué hacer y qué no.
Creo en la Iglesia, su Esposa.
Creo en los cristianos del siglo XXI,
perseguidos fuera y dentro de sus propias comunidades.
Creo que Dios los ama en sus esfuerzos,
más allá de sus logros.
Creo en el sensus fidei.
Creo en la fe de las abuelitas de mi parroquia;
creo en la fuerza y el poder de sus rosarios desgastados.
Creo en la oración poderosa de los niños y los enfermos.
Creo en la Cruz como instrumento de salvación.
Creo en el dolor purificador y en la lágrimas sanadoras.
Creo en la humildad como virtud común a todos los santos.
Creo en el silencio, en la espera y en la oración atendida
en el tiempo y el modo más conveniente.

Creo en el Dios que murió por mí también
y que no dejará que ni una sola gota
de su Sangre, por mí derramada, se pierda.

Creo en el Dios de la Vida, que no se estanca en la muerte.
Que la vence. En Él y en nosotros.
Creo en cadenas rotas, prisiones abiertas,
esclavitudes superadas, soledades inexistentes,
lágrimas enjugadas, música, alegría, paz y justicia.
Creo en el Reino de Dios, presente y oculto.
Creo que un día se hará la luz
y mis ojos verán lo que creo.
Y mi esperanza no se verá defraudada.

Destruid este templo y en tres días lo levantaré

Creo en el sensus fidei

Creo que el Espíritu Santo revolotea sobre su Pueblo.
Creo que los laicos tenemos
la responsabilidad de escucharlo.
Creo en la conciencia iluminada por la Palabra,
los Sacramentos, la Tradición y la oración.
Creo en el Magisterio y en él encuentro verdad y paz.
No creo en los laicos cobardes.
En los que callan y tragan
para ahorrarse disgustos y problemas.
No creo en los laicos que no trabajan por la Iglesia;
que se sirven de ella, sin más, como meros consumistas.
Creo en los consagrados que viven con y para los laicos.
Creo en una Iglesia que sabe decir sí y no.
Creo en la obediencia con cabeza, en conciencia,
fiel a lo que realmente "huele" a Dios.
Creo en la corrección fraterna, en el diálogo y la escucha,
en el disgusto y –sobre todo- en el perdón.
Creo que al Cielo se va siempre juntos.
No creo en quienes separan, dividen y se ensalzan sobre otros.
Y creo que el Buen Dios nos ilumina;
creo en su fe en nosotros,
en su ayuda constante,
en su apuesta seria por nuestra santidad.
Porque Dios es justo. Y fiel. Y Padre. Nuestro.
Así lo creo y así me lo dicta mi sensus fidei.

Sobre el sacerdocio

Y dijo Dios:
"Hagamos al Sacerdote a nuestra imagen, como semejanza nuestra;
y sirva a todos, como Yo, que me hice servidor de todos".
Creó, pues, Dios al Sacerdote a imagen suya, a imagen de Dios lo creó.
Y lo bendijo Dios y le dijo Dios:
"Sé un fiel instrumento mío.
Mira que es mi deseo estar cerca de los hombres.
Mira, que mi Pueblo tiene hambre y pide a gritos alimento.
Abre bien los ojos de tu corazón
y verás qué grande es el milagro que he puesto entre tus manos.
Tus pobres palabras llevarán mi Palabra
y de tus labios oirán mi Buena Noticia.
Mi Espíritu está sobre ti.
Tú bautizarás en mi Nombre,
y en mi Nombre perdonarás los pecados.
Sí: tú administrarás los Sacramentos en mi Iglesia.
Y Yo estaré contigo todos los días.
Tú me darás a conocer a todos
porque Yo a todos quiero llegar:
visitarás a los enfermos, atenderás a los necesitados
y todas tus oraciones serán escuchadas.
Mira que no has venido a ser servido, sino a servir,
que fui Yo mismo quien te enseñó a lavar los pies...
Y Yo creo en ti. Yo espero en ti. ¡Te quiero tanto!
A ti te dejo mi herencia:
en tus manos pongo mi Sangre y mi Cuerpo
para que tú lo partas y lo repartas a todos en memoria mía.
¿Qué más te puedo dar?
Yo te he creado. Yo te he elegido. Yo te he llamado.
Y tú lo has dejado todo y me has seguido...
y recibirás el ciento por uno".
Y así fue.
Vio Dios cuanto había hecho y todo estaba muy bien.
Y aquél día amaneció y atardeció.

Se celebra la Pascua

Mt 26, 1-4

Cuando acabó Jesús todos estos discursos, dijo a sus discípulos: **«Sabéis que dentro de dos días se celebra la Pascua y el Hijo del hombre va a ser entregado para ser crucificado».**

Entonces se reunieron los sumos sacerdotes y los ancianos del pueblo en la casa del sumo sacerdote, llamado Caifás, y se pusieron de acuerdo para prender a Jesús a traición y darle muerte.

Dentro de dos días se celebra la Pascua

Bendito

¡Bendito!
¡Bendito el que viene en nombre del Señor!
Bendito el que, a su paso, bendice nuestras calles.
Bendito el que, con su mirada tierna,
nos ablanda el corazón.
Bendito el que cumple en Sí
toda Palabra, toda Profecía, toda Promesa.
Portones: alzad los dinteles,
que se alcen las antiguas compuertas.
¡Va a entrar el Rey de la Gloria! (40).
¡Que griten los pobres!
¡Que canten los niños!
Dichosos nosotros, que le vemos, que le seguimos.
Dichosos los que hemos puesto en Él
nuestra esperanza, nuestra confianza.
Porque ya ha llegado el día,
hoy es el Hoy de Dios.
Éste es el tiempo de gracia.
Éste es el día de salvación.
Nuestro auxilio es el nombre del Señor
que hizo el cielo y la tierra (41).
Pueblos todos: bendecid al Señor;
¡dad vítores al Dios que nos salva!

Juicio por combate

Los seguidores de "Juego de Tronos" hemos disfrutado viendo varios juicios por combate. Pero en realidad no es un invento de la serie: existieron de verdad, sobre todo entre los pueblos germánicos y se mantuvieron en uso durante toda la Edad Media, desapareciendo a lo largo del siglo XVI.

Estas luchas a muerte, tenían lugar para solucionar aquellos conflictos en los que la acusación no contaba con testigos y no había logrado que el acusado confesase. En estos casos, si se solicitaba juicio por combate, ambas partes luchaban a espada y el ganador era proclamado poseedor de la verdad. Pero la mayoría de las veces, el combate no lo realizaban ellos mismos, sino alguien nombrado para representarles. Así, el acusado podía solicitar que otra persona más fuerte que él luchara en su nombre. Podía ser un amigo, un familiar o alguien a quien pudiera pagar para ello. Por su parte, las casas nobles solían tener contratados los servicios de algún guerrero a quien se encomendaba estos asuntos; en ocasiones incluso utilizaban a presos, a quienes se les prometía la libertad en caso de ganar un determinado número de juicios por combate.

En realidad eran luchas bastante injustas, pues el acusado normalmente no tenía medios para buscar a alguien que luchara por él y que estuviera a la misma altura de su contrincante. Quien tenía más dinero podía elegir al mejor luchador. Y así, el pobre, el humilde, perdía irremediablemente.

Está claro que para entender este tipo de costumbres hay que situarse en la mentalidad de la época. Pero hay una idea de fondo que me parece útil para explicar algo que es a la vez más antiguo y más nuevo todavía: la Redención del hombre. Con las siguientes salvedades, por supuesto.

- Que en nuestro caso sí hay testigos, sí hay confesión y sí somos culpables.
- Que quien luchó por nosotros no lo hizo por honores ni por dinero, sino por amor.
- Que nuestro Guerrero ganó muriendo.
- Que es tanta su fuerza por ser Dios, que con su lucha dio muerte a la muerte misma.
- Que tras aquella victoria, ya no existe nada en el mundo capaz de vencernos, si permanecemos unidos a Él.

Dice Rom 8, 31-37: "Si Dios está con nosotros, ¿quién estará contra nosotros? El que no se reservó a su propio Hijo, sino que lo entregó por todos nosotros, ¿cómo no nos dará todo con él? ¿Quién acusará a los elegidos de Dios? Dios es el que justifica. ¿Quién condenará? ¿Acaso Cristo Jesús, que murió, más todavía, resucitó y está a la derecha de Dios y que además intercede por nosotros? ¿Quién nos separará del amor de Cristo?, ¿la tribulación?, ¿la angustia?, ¿la persecución?, ¿el hambre?, ¿la desnudez?, ¿el peligro?, ¿la espada?; como está escrito: Por tu causa nos degüellan cada día, nos tratan como a ovejas de matanza. Pero en todo esto vencemos de sobra gracias a aquel que nos ha amado".

Es cierto que la vida nos sigue trayendo cada día muchos problemas y dificultades. Y que nosotros seguimos pecando, que parece que no aprendemos nunca. Pero yo, para mí, hoy vuelvo a solicitar juicio por combate. Me agarro a Aquél que es mi Escudo, mi Fuerza, mi Baluarte. Y me quedo en paz, porque sé en manos de Quién he puesto mi vida.

El lavatorio de... ¿los pies?

Jueves santo. Muchas cosas que contemplar. Quizás una que siempre me ha llamado la atención es ese lavatorio. Jesús arremangado, de rodillas frente al discípulo, con sus sucios pies entre sus benditas manos...

A veces, viendo al sacerdote en los Oficios hacer este gesto, me he preguntado si en algún momento podría sentir asco. Y si esto es posible en una celebración en la que, quienes van a lavarse, van ya bien limpitos y preparados, ¿fue posible también en aquella Última Cena en la que los Doce traían los pies como se los había dejado el duro camino?

Mi respuesta es que no. Y la justifico en lo siguiente: nuestra soberbia, nuestro orgullo, nuestros odios, nuestras disputas, nuestros egoísmos, nuestros desprecios, nuestras mentiras, nuestras traiciones, nuestras desesperanzas, nuestras impurezas, nuestros abusos, nuestros silencios, nuestra falta de fe, nuestra comodidad, nuestra cobardía, nuestro desamor... todas esas cosas ahí están y Jesús las ve. Nosotros, como aquellos leprosos, aquellos ciegos, aquellas prostitutas, aquellos publicanos, aquellos paganos, aquellos paralíticos, aquellos endemoniados, aquellas adúlteras, aquellos hombres y mujeres del Evangelio tan pecadores como tú y como yo, nos presentamos ante el Señor con... ¿los pies? ¡las almas! sucias, sucísimas.
Y Él no nos huye, no le repugnamos.
No. A Él, no.
Y nos lava, los pies con agua,
las almas con Sangre.

"Haced esto en memoria mía".
Y el sacerdote hoy se ciñe la toalla,
se arremanga el alba y lava los pies.

Sí. El mismo sacerdote que se sienta día tras día en el confesionario
donde nos espera otro lavatorio,
de amor y de perdón.
Gracias al Señor por este enorme regalo
y a los sacerdotes de mi vida por actualizarlo en mí.

La Verdad y sus consecuencias

Hay cosas que no conviene decir en voz alta.
Mejor que nadie lo escuche.
Es peligroso. Trae consecuencias.
A veces, parece que te gusta provocar.
¿No te das cuenta que te estás pasando un poco?
No se puede ir de frente y soltar perlas como éstas:

- Sé que va a venir el Mesías, el Cristo; cuando venga, él nos lo dirá todo.
- Soy yo, el que habla contigo.

- ¿Crees tú en el Hijo del hombre?
- ¿Y quién es, Señor, para que crea en él?
- Lo estás viendo: el que te está hablando, ése es.

- Yo soy la resurrección y la vida: el que cree en mí, aunque haya muerto, vivirá; y el que está vivo y cree en mí, no morirá para siempre.

- Desde ahora veréis que el Hijo del hombre está sentado a la derecha del Todopoderoso y que viene sobre las nubes del cielo.

¿No lo ves? ¿No te das cuenta?
Te la estás jugando.
¡Calla y agacha la cabeza, como hacemos todos!
No seas insensato, imprudente, impopular...
¿No oyes los gritos en las calles?
¿No te asusta el rugido en la noche?

- ¡Ha blasfemado!
- ¡Es reo de muerte!
- ¡Crucifícale!

¡Pero dinos algo!
¿No ves que estamos muertos de miedo?
¿Cómo hacemos ahora para salvarte... para salvarnos?

Nosotros te queríamos.
Pero tu Verdad es peligrosa.
¿Hoy no vas a animarnos, a consolarnos?
Queremos escuchar de Ti
una Palabra que tranquilice nuestro espíritu
en la Hora, en el culmen de la Historia.
Y Tú nos miras con amor.
Y nos dices tres verdades como puños,
que nos dejan sin aliento,
con un incómodo sudor frío,
con un nudo en la garganta.

- Ni siquiera una hora habéis podido velar conmigo...
- Con un beso me entregas...
- Antes que el gallo cante me negarás tres veces...

"No perdáis la calma... ¡creed!" (42).

Noche de jueves

Crisis. Sí, crisis. Y paro. Hambre. Enfermedades.
Injusticia. Mentira. Decepción. Depresión.
"No perdáis la calma".
Y guerras. Enemistades. Explotación. Esclavitudes.
Desesperanza. Pecado. Egoísmo. Muerte.
"No perdáis la calma".
Desilusión. Ruina. Cegueras. Fracaso. Frustraciones.
Complejos. Falta de fe. Desconfianza. Corazas.
"No perdáis la calma".
Miedo. Cansancio. Tentación. Incomprensión.
Traición. Desamor. Sufrimiento. Soledad.
Y se ocultó el sol. Y la luna.
Noche oscura, sin paliativos.
El Hijo del Hombre suda sangre.
Y nosotros, escondiendo nuestra cobardía
en este Getsemaní,
callamos y temblamos y lloramos.
"No perdáis la calma... ¡Creed!".

Jesús carga con la cruz

Me duele el alma. No sé qué puedo tener. Es como si estuviese hueco, como si me hubiese convertido en cartón-piedra, como cuando se te duerme un pie pero por dentro. No sé explicarme. Es un dolor que casi ni me duele de tan poco yo que soy ya.

Me empezó doliendo la crisis y, por aquel entonces, tuve síntomas de enfado y se empezaron a manchar mis palabras. Con la crisis, al poco tiempo, me vino un dolor de familia. Creo que comenzó con el verano, cuando no pudimos irnos de vacaciones. Entonces las palabras disminuyeron bastante y tenía mucha somnolencia que calmaba en el sofá, viendo la tele. Oía gritos fuera, pero los reproches me resbalaban sin calarme, como si llevase un impermeable. Cuando salía con gente, la gente me dolía: me dolían sus historias, sus sufrimientos, sus despidos, sus preocupaciones. Me dolían tanto que se me hicieron insoportables y dejé de salir. Sólo voy al trabajo: un trabajo que me duele profundamente, que hago con la mayor de las desganas y con una pesadísima carga de desilusión. Aunque del trabajo nunca me he quejado en voz alta, porque siento que me dolería todavía más.

Tampoco recuerdo ya la última vez que me reí sin ironía. Me río cuando oigo palabras como esperanza, amor, fe, Dios... Me da la risa nerviosa esa, la risa tonta que digo yo. No es que ya no crea: es que me duele tanto el alma que no siento ni que tengo alma. Ni siquiera sé si este dolor es síntoma de algo concreto, ni si tiene cura o no. Sólo sé que sigo vivo porque me encuentro realmente mal. Y vengo a que me mires, porque ya no sé qué hacer conmigo, que no me aguanto ni yo...

Jesús carga con mi cruz. Mi cruz de hoy. Mi cruz cotidiana. La cruz que me hace sufrir y que está hecha de mis pecados y de los pecados de muchos otros. Una cruz que me pesa, que no me deja avanzar, que no sé cómo llevar, que me llena de dolor.
Jesús carga con mi cruz.
Él se va a hacer cargo.
Él me va a sanar.

Cae Jesús

Cae Jesús cuando yo me levanto
por encima de los demás, hablando mal de ellos.
Cae Jesús cuando yo me levanto
a base de mentiras o de verdades hinchadas.
Cae Jesús cuando yo me levanto
pensando sólo en mí mismo
y me acuesto de nuevo pensando sólo en mí mismo.
Cae Jesús cuando yo me siento caer
porque los demás no me hacen
el caso que creo merecer.
Cae Jesús cuando yo me niego a ver
más allá de mi nariz o de la imagen de mi espejo.
Cae Jesús cuando yo alzo mi voz en alto,
creyéndome con más razón que nadie.
Cae Jesús cuando yo me siento con los brazos cruzados
por no comprometerme,
por no identificarme con el pobre y el necesitado.
Cae Jesús cuando yo sentencio en vez de hablar.
Cuando sólo me escucho a mí, como en un monólogo.
Cae Jesús cuando yo me hago llamar cristiano
sin querer caer jamás.
Cae Jesús cuando yo no acepto mis fracasos,
cuando tengo justificación para todos mis errores.
Cae Jesús cuando yo culpo de todo a los demás.
Cae Jesús cuando yo planeo mi vida sin contar con Él.
Cae Jesús cuando yo lo aplasto, lo acallo,
lo escondo, lo ignoro.
Cae Jesús.
Y yo miro hacia otro lado.

Superhéroes

Me gustan mucho. Muchos.

Me fascina el aire sexy y chulesco de Ironman, luchando con los medios de su propia empresa contra los daños de su propia empresa.

Me llama mucho la atención el malabarismo que hace con su fobia Batman, cómo consigue que sus enemigos teman a un murciélago tanto o más que él.

Me encanta el idealismo juvenil de Spiderman.

Me deja con la boca abierta Daredevil con esas increíbles peleas a ciegas sin fallar un golpe y sin dejar de recibirlo tampoco.

Me gusta que los buenos acaben con los malos; incluso que los malos acaben con los malos; y por eso añado a Dexter a mi lista de superhéroes: si hay que ser un asesino en serie, mejor serlo de asesinos en serie.

¿Y quién no lleva un Hulk dentro que controlar?: a veces me pongo de un verde gigante...

Me vuelven loca los superhéroes intelectuales, especialmente Sherlock Holmes: no hay nada más fascinante que un hombre inteligente. Me pasaría horas sentada a sus pies con la boca abierta, contemplando la rapidez de su ingenio y sus deducciones.

Sí. Me gustan mucho. Muchos. Pero me doy cuenta que todos tienen su punto débil, su talón de Aquiles. Todos tienen algún trauma no superado, una herida profunda, una enfermedad más o menos evidente. ¿Hará falta inventar un superhéroe que salve a los superhéroes?...

¡Pues sí! y ya existe. Ellos lo han reconocido, bajo sus ropas humildes y su apariencia de hombre normal. Los niños también lo conocen bien. El día que la kriptonita derrote a Superman o que se acabe la batería del corazón de repuesto de Ironman o que la seño se quede en blanco en clase o que el psicólogo coja una depresión o que el cantante se quede afónico antes de un concierto o que la mamá muera de un cáncer o que el amigo fiel no sepa reconocer un SOS,... ese día no estaremos solos. Habrá esperanza en nuestro Gotham personal. Porque nuestro Superhéroe ya no muere más y su poder es Omnipotencia y su Amor por nosotros no tiene fin.

Esta película de nuestra vida va a acabar con aplausos a lo bestia y todo el público de pie. Y por una vez y sin que sirva de precedente, me encanta conocer el final de antemano, porque llena la acción de este día cualquiera de una esperanza cierta que lo cambia todo.

Hágase

Hágase el silencio en mis voces interiores.
Hágase la luz en mis tinieblas.
Hágase el valor sobre mis miedos.
Hágase el encuentro auténtico y sincero.
Hágase limpieza en el cajón del recuerdo.
Hágase el matrimonio entre emoción y razón.
Hágase la paz donde haya turbación.
Hágase la esperanza, que es más que la espera.
Hágase la confianza natural del niño.
Hágase la pureza más fuerte que la experiencia.
Hágase el amor con el Amor como ejemplo.
Hágase el hoy, mañana de un mal ayer.
Hágase el perdón sobre el rencor.
Hágase la persona sobre el instinto.
Hágase la libertad, guardando la dignidad.
Hágase la amistad, la familiaridad, la incondicionalidad.
Hágase el silencio que custodia la música.
Hágase la verdad sobre la opinión.
Hágase la Palabra sobre parloteos y gritos.
Hágase Dios, resucitado, vivo, presente.
Hágase en mí. Como en María.
Hágase hoy.
Hágase aquí.
Hágase ahora.
Hágase.

Yo soy la resurrección y la vida

Choco

Jesús, como todo buen pastor, tuvo un perrito. ¿Quién puede negarlo? Se llamaba Choco, porque era del color del chocolate. No tenía pedigrí ni raza, esas cosas no existían todavía. Llegó desde alguna parte del desierto de Judea, sucio, esquelético, agotado. Y se encontró con el Señor a las puertas de Betania. Jesús iba mucho por allí y se hospedaba en casa de tres hermanos que se llamaban Lázaro, Marta y María. Dicen que María había vivido un poco perdida durante un tiempo y que Jesús, la sacó de todo aquello; y desde entonces, la amistad con su familia no hizo más que crecer.

Todo empezó cuando Choco, que estaba descansado bajo una palmera, con la lengua colgando hasta el suelo, de repente escuchó mucho ruido y se despejó. No sabía qué pasaba. La gente empezó a juntarse y a hablar cada vez más alto y se ponían todos muy nerviosos. Choco no tenía un pelo de tonto y entendió que estaba ocurriendo algo muy importante. Así que se fue haciendo hueco entre las piernas de la multitud para ver qué pasaba, hasta que dio con aquella túnica, con aquellos pies. No, no dijo ni guau. Estaba tan contento que no le salía. Su rabito peludo se movía de un lado a otro sin que él pudiera evitarlo. Su olfato no le engañaba. Choco había elegido amo. Le dio mucha paz pensar que ya nunca más se perdería, porque siempre andaría al lado de aquellos pies; y que, por fin, había encontrado un trabajo digno de un perro: querer a su dueño, acompañarle siempre, siempre...

A Jesús le encantaba Choco. Solía agacharse y le zarandeaba las dos orejitas diciéndole: "Buen chico, buen chico". Y a Choco le caía la baba. Y se tumbaba panza arriba buscando cosquillas y Jesús se moría de risa con él.

Siempre iban juntos a todas partes. A Choco le encantaba escuchar a su amo, porque cuando él hablaba se tranquilizaba mucho. También le gustaba jugar con los amigos de Jesús, sobre todo con los niños. Y hay quien dice que San Juan lo quería como nadie y siempre que podía le guardaba algún mendrugo de pan a escondidas. Choco hacía carantoñas, daba lametazos y saltaba con todos. Pero al llegar la noche se volvía a los pies de su amo, donde debe descansar siempre un perrito fiel.

Ya os he dicho que Choco estaba con Jesús siempre. Sí: después de las cosas cotidianas -de la predicación, de los milagros, de las conversiones, de la fama, de las persecuciones, de todas esas cosas de cada día- Jesús se apartaba de todos y oraba... y con Dios Padre y Dios Hijo sólo estaba Choco. No entendía mucho, pero su instinto le decía que aquel sí era un momento importante. No hacía falta que Jesús le invitara a acompañarle y nunca lo echó fuera, porque es natural que un perro bueno esté donde está su amo.

Un día fueron a Betania, como otras veces; pero Choco notó algo raro. Jesús iba serio todo el camino. Los Doce tenían cara de preocupados. Y antes de entrar en la ciudad, Marta se acercó corriendo al Señor, llorando a moco tendido. Parecía que algo malo había ocurrido. Entraron en la aldea aprisa y mucha gente rodeó a Jesús: como siempre, pero disgustados, tristes. Salió también María a recibir al Maestro. Y todos se pusieron a llorar. Choco estaba muy afectado de ver llorar a Jesús y no se atrevía casi ni a moverse; las orejas gachas, el rabo entre las piernas, la mirada clavada en el Señor.

Cuando Jesús le llamaba: "¡Choco, ven!", él iba enseguida. Por eso no le sorprendió que cuando le dijo a la muerte "¡Vete!", la muerte saliera corriendo. Y el sepulcro de Lázaro se abrió.

Las cosas se estaban complicando. La preocupación era frecuente en los amigos de Jesús. Y cada vez había más gente enfadada, hablando entre escuchitas y mirando de reojo. Choco se daba mucha cuenta: olía a miedo, a nervios, a angustia, a envidia.

De aquella Cena nadie dejó caer ni una miga, nadie le guardó ningún mendrugo. Judas debía tener mucha prisa, porque se fue enseguida. San Juan temblaba abrazado al pecho del Señor. Y todos sintieron aquella noche más oscura que ninguna. Después de cenar Jesús salió a orar, como siempre; y Choco le acompañó, como siempre. Pero todo era diferente: el Padre callaba; los discípulos dormían. Choco, que no entendía nada, vio a su Señor llorando y le lamió la cara, las manos, los pies... Sal, sudor, sangre, el Cuerpo de Cristo; y la lengua de un perro como una caricia...

Hasta la cruz nadie podía acercarse. Sólo los soldados. Ninguna otra persona. El resto, tras la guardia.
Pero Choco no era una persona.
Choco no tenía que pedir permisos.
Choco no entendía de leyes ni de protocolos.
Y allí estaba, como siempre, a los pies del amo.
Acurrucado junto a la cruz,
empapado por la sangre de la cruz,
espantado del suplicio de la cruz,
gimiendo en nombre de todos junto a la cruz.

El tiempo se cumplió. Y a la hora de nona murió el Señor, dando un fuerte grito. Y como un eco se escuchó el aullido de un perro...

Desde el viernes por la noche y durante tres días, Choco vivió a la puerta del sepulcro, ¿dónde si no? Es natural que un perro fiel esté siempre cerca de su amo. Se sentía cansado, pero no se durmió ni un segundo: ¡no podía dormir sin Jesús! Así que ahí se quedó, inflexible, haciendo guardia a la puerta.

Noche, noche tan dichosa, único testigo de la Resurrección del Señor, puerta de la mañana del nuevo Día, que celebra la Vida, que proclama a la Muerte vencida. Sólo la noche conoció aquel preciso momento... ¡y Choco, por supuesto, faltaría más!

Y Jesús Resucitado, muy contento, le acarició la cabecita diciendo: "buen chico, buen chico"...

Nota: dedicado a Tesa, mi mejor amiga, la más fiel.

Cuando resucitó de entre los muertos, los discípulos se acordaron... y creyeron

No hay mayor amor...

Dime, Dios: ¿cómo es posible que nos ames tanto?
Dios, Dios Santo,
¿cómo puede ocurrir
que no consideres suficiente
habernos seguido hasta la muerte,
que revives para continuar con nosotros caminando?
¿Cómo puedes desear tanto esta vida?
Dios, Dios esclavo,
que a nosotros libremente
te has encadenado.
Dime, Dios: ¿no te duele que nos cueste tanto entender
que tu Amor es infinitamente mayor que el humano?
Pues morir, todavía hay quien muere por la gente.
Pero resucitar
-Dios, Dios-
sólo Tú te atreviste a dar el paso...

Ven, Espíritu Santo

Ven, Espíritu que moviste a Zaqueo a subir al sicomoro
y ayúdame a desprenderme de todo lo que me aparta de Dios.
Ven, Espíritu que tocaste el corazón de la adúltera
y haz que mis lágrimas limpien la impureza de mi pobre corazón.
Ven, Espíritu que inspiraste a Pablo
y enséñame a rectificar posturas
y acercarme sin temores a tu Verdad.
Ven, Espíritu que sacaste a Bartimeo de la orilla del camino
y ayúdame a pedir humildemente "Señor, que vea".
Ven, Espíritu que moviste a Pedro al arrepentimiento
y hazme confesar: "Tú lo sabes todo, Tú sabes que te amo".
Ven, Espíritu de desprendimiento de la pobre viuda
y ayúdame a ofrecer a Dios las pequeñas dos monedas
que enriquecen mi simple personalidad.
Ven, Espíritu que sacaste a Nicodemo en plena noche
y hazme nacer de nuevo a una vida según tu Voluntad.
Ven, Espíritu que abriste los oídos
de los discípulos de Emaús al entendimiento
y enciende mi interior hasta que arda a la voz de la Palabra.
Ven, Espíritu que provocaste el hambre del niño pródigo
y llévame de regreso para siempre
al Hogar de los brazos del Padre.
Ven, Espíritu que moviste a María a darte su "sí"
y enséñame a decirte cada mañana un "serviam" (43) sincero.
Ven, Luz, Sol, Noche, Calma, Inquietud, Silencio,
Calor, Frío, Templanza, Descanso, Actividad, Motor, Pausa,
Fortaleza, Esperanza, Fe, Dirección, Sentido, Metanoia (44).
Ven, Espíritu de Dios. Llena los corazones de tus fieles.
Y enciéndenos con el fuego de tu Amor.

Notas:

(1) JuanPablo II, Discurso a los jóvenes en el Estadio de Viena.
(2) Is 42,3
(3) Ecl 1, 9
(4) Mt 6,34
(5) "Mar Rojo",P. Loidi.
(6) Is 43, 18-19.
(7) "El Padre del hijo pródigo", Cabodevilla.
(8) Salmo 29.
(9) Ap.21,3.
(10) SJE, Camino 555.
(11) Sal 34, 15.
(12) Is 26,12.
(13) "La negra flor", Radio Futura.
(14) Ap.2,4.
(15) Jn 3, 16.
(16) Mt 5,8.
(17) Cant.3,3.
(18) Jn 1, 39
(19) Lc 2, 29-30.
(20) Lc 3,4.
(21) Lc 3, 5-6.
(22) Jn 15, 5.
(23) Tertuliano, Apologético 39.
(24) "El hombre del traje gris", Joaquín Sabina.
(25) Salmo 30.
(26) Lc 9, 11b.
(27) Is 58, 11.
(28) Is 58, 7-8.
(29) Sab 2, 12-16.
(30) Rom 7, 19.
(31) Pretty Woman.
(32) El diario de Bridget Jones.

(33) Mc 14, 1-9.
(34) 1 Noche 3,3. 7,5.
(35) Libro de la Vida, 5.
(36) Gn 9, 13.
(37) "Día y noche", Jean Lafrance.
(38) Mt 26, 36.
(39) Mt 28, 20.
(40) Sal 24, 7.
(41) Sal 124, 8.
(42) Jn 14,1.
(43) Serviam: te serviré.
(44) Metanoia: cambio de dirección, enfoque, conversión.